Adriana Nunes

Nur die Edelsteine kommen aus Brasilien

Brasilianer in Deutschland

Aus dem Portugiesischen

von Nicolai von Schweder-Schreiner

Adriana Nunes

Nur die Edelsteine kommen aus Brasilien

Brasilianer in Deutschland

EOS

Für Célia, Renate und Frank

Danksagung:

Tiago de Oliveira Pinto
Boris Ferreira
Isabel Figueiredo
Ana Paula Galvão
Paulo Greuel
Mônica Nunes
Klaus Schmidt
meinen Interviewpartnern
und meiner Familie

Die Deutsche Bibliothek - CIP-Einheitsaufnahme

Nunes, Adriana:
Nur die Edelsteine kommen aus Brasilien : Brasilianer in Deutschland / Adriana Nunes. [Aus dem Portug. von Nicolai von Schweder-Schreiner]. – St. Ottilien : EOS-Verl., 2001

ISBN 3-8306-7063-X

2. Auflage 2006

Erzabtei St. Ottilien, D-86941 St. Ottilien
www.eos-verlag.de

Einleitung

Als ich 1988 nach Deutschland kam, wunderte ich mich sehr über die ersten Brasilianer, auf die ich traf. Sie wirkten distanziert, traurig, äußerst einzelgängerisch und verhielten sich kein bißchen solidarisch mit Neuankömmlingen... Manche äußerten sich nur geringschätzig über Brasilien und wiesen bei jeder Gelegenheit auf die tiefe Kluft hin, die sich im Laufe der Jahre zwischen ihrer Art zu leben und der ihres Volkes gebildet hatte.
Wenn sie nicht negativ und pessimistisch dachten, gehörten sie zu einer anderen »Gattung«, die genauso oder noch verwunderlicher war: die Gruppe der Nostalgiker und Idealisierer, die angeblich ein Land voller Fröhlichkeit, Harmonie und reiner Freude hinter sich gelassen hatten, ohne irgend etwas Gutes im neuen Land entdeckt zu haben.
Diese Vögel des Südens – von denen viele auf ihrer langen Reise auf ein obskures Objekt geprallt zu sein schienen und sich daraufhin in orientierungslose Wesen verwandelt hatten – bereiteten mir Kopfzerbrechen. Sie schienen sich in ihrer Haut nicht wohl zu fühlen. Hatte die Kälte sie »verwelken« lassen und ihnen ihre Lebendigkeit genommen? Hatten Einsamkeit und Sehnsucht ihre Herzen des Humors, der Gelassenheit, des Enthusiasmus, der Erregung, kurz, allem, was die Deutschen als Lebensfreude bezeichnen, beraubt?
Diese Brasilianer lachten nur selten. Sie erzählten keine Witze mehr. Keine kleinen Geschichten und nichts. Was sie allerdings noch konnten, war tratschen. Und wie! Natürlich nicht mit der gleichen spielerischen Bösartigkeit, mit der in Brasilien über das Leben der anderen hergezogen wird... aber, na jja... »Die Vögel zwitschern anders hier als dort...«

Ich dachte mir, wie traurig es sein müsse, so zu enden... so ohne Elan. Gott bewahre mich vor einer ähnlichen Metamorphose in Deutschland, davor, ein ernster, vergrämter, blinder Einzelgänger zu werden, denn dies sind Eigenschaften, die ich erklärtermaßen verabscheue. Aber die Zeit verging, ich warf mich mitten in das Leben in Deutschland und tat, was ich konnte und nicht konnte, um mich in die Gesellschaft zu integrieren – ich verbrachte endlose Stunden damit, die Sprache zu lernen, war viel mit Deutschen zusammen, besuchte die Universität... und eines schönen Tages fuhr ich in den Ferien nach Bahia, weiß wie ein Ei und sehr ernst. Nach einigen Tagen fuhr ich mit dem Lacerda-Fahrstuhl in die Unterstadt, als mich ein Junge fragte:
»Du bist wohl nicht von hier! Bist du Ausländerin?«
»Nein, mein Junge. Ich komme aus Bahia, genau wie du. Und zwar direkt aus Salvador...«
Ein anderer Passagier, der unser Gespräch mitangehört hatte, rief:
»Ah, alles derselbe Mist!«
Das machte mich stutzig. Ich hatte das Gefühl, keinen richtigen Boden unter den Füßen zu haben, und da wurde mir bewußt, daß ich mich mitten in einer »Identitätskrise« befand, die sich schon seit meinem Germanistikstudium an der Universität zu Köln abgezeichnet hatte. Die beiden Jungs aus dem Lacerda-Fahrstuhl hatten Recht. Der eine, weil er bemerkt hatte, daß ich anders als die anderen Bahianer war – in der Art, wie ich mich kleidete, wie ich dachte und wie ich mich verhielt –, und der andere, weil er wußte, daß es keine Rolle spielt, wer man ist... wir sind alle nur Menschen, heute erbärmlich und bemitleidenswert, morgen wunderbar und faszinierend.
Ohne es zu bemerken, war ich zur deutschesten Bahianerin geworden. Ernst, zurückhaltend und zu gestreßt nach meinem Geschmack. Ich ertappte mich sogar dabei, wie ich die unfaßbare Fähigkeit einiger Latinos kritisierte, stundenlang

irgendwelches Zeug zu erzählen, Witze zu reißen, kurz gesagt: die Zeit zu vertrödeln. Hatte sich mein Wertesystem verändert? Teilweise. Die Wahrheit war, daß ich zum ersten Mal einen klareren Blick auf einige Elemente meiner Kultur werfen konnte und dialektisch dachte. Ich hatte aufgehört, immer beide Mentalitäten miteinander zu vergleichen und am Ende die brasilianische der deutschen vorzuziehen. Ich versuchte, beide Seiten der Münze zu sehen... »Einerseits sind sie zu ernst, andererseits funktioniert das, was sie machen...«. »Einerseits sind wir immer gut gelaunt, andererseits sind wir zu chaotisch...«. Einerseits, andererseits, usw... Ich hatte unwiederbringlich meine Unschuld verloren und sah mein Land nur noch aus dem Blickwinkel einer Brasilianerin im Ausland. Und natürlich hatte ich mit der Zeit ein paar Verhaltensweisen angenommen, die hier als »normal« gelten, auch wenn sie nicht unerläßlich für die Aufnahme in die deutsche Gesellschaft sind...

Zum Glück wich die Identitätskrise, die meinem Leben ein ewiges »Auf und Ab« beschert hatte, wie die Episode im Fahrstuhl, allmählich einem Gefühl der Gelassenheit. Langsam, aber wirklich sehr langsam, lernte ich mit den Uneinigkeiten in mir umzugehen und nicht immer auf eine innere Harmonie hinauszuwollen. Ich wurde toleranter und verständnisvoller gegenüber meiner gespaltenen Identität, meinem Leben zwischen den Grenzen. Ich war nicht mehr dieselbe, die damals aus Brasilien weggegangen war, und wollte es auch gar nicht mehr sein... Einige positive Wesenszüge meines Charakters waren unterwegs verlorengegangen, aber ich hatte neue entwickelt... und allmählich meine Energie zurückgewonnen, meinen Unternehmungsgeist und, was noch wichtiger war, die Fähigkeit, über mich selbst zu lachen!

Da fing ich an, mir Gedanken um die Leute um mich herum zu machen, ich wollte mehr über die anderen Brasilianer in Deutschland wissen. Wie war es wohl ihnen ergangen? Hatten auch sie eine Identitätskrise hinter sich oder steckten womöglich mitten drin? Waren auch sie in diese Phase eingetaucht, in der man alles ablehnt, was auch nur im entferntesten nach Deutschland roch, und danach alles, was nach Brasilien roch? Hatten sie sich vollkommen isoliert, waren apathisch geworden und fürchteten sich vor der Welt, die sie nicht verstanden? Hatten sie den Mut verloren und es aufgegeben, Teil einer Gesellschaft werden zu wollen, die ihnen wie hermetisch abgeriegelt erschien? Waren sie den typischen Problemen der Imigration erlegen – dem Lernen einer schwierigen Sprache, bürokratischen Hindernissen, der Schwierigkeit, sich auf dem Arbeitsmarkt einzubringen, dem Rassismus, dem Fremdenhaß, der Unfähigkeit, neue Werte zu übernehmen? Oder hatten sie im Gegenteil ihren Weg gefunden, sich frei und heiter durch beide Welten zu bewegen, im besten kosmopolitischen Sinne, offen für Neues, ohne ihre Wurzeln zu vergessen, die in diesem Stadium bereits frei schwebend wie die von Wasserpflanzen geworden waren?

Also machte ich mich daran, eine Reihe von Interviews mit Brasilianern verschiedenster Herkunft zu führen, die überall in Deutschland lebten. Männer und Frauen, die gerade erst hergekommen waren oder schon seit Jahrzehnten in Deutschland leben; die eine feste Arbeit haben oder sich irgendwie durchschlagen; die ernsthaft und mit vollem Einsatz studieren oder nur wegen ihres Studentenvisums immatrikuliert sind; in geregelten Verhältnissen leben oder eben nicht; mit Deutschen verheiratet sind oder nicht; erfolgreich sind oder nichts auf die Reihe bekommen; Dichter oder Geschäftsmänner; Akademiker oder Fußballspieler; Putzfrauen oder Goldgräber; käufliche Jungs und Mädchen; Heteros oder Homos; integriert oder apokalyptisch; Brasilianer, die Deutschland entweder lieben oder hassen. Oder eigentlich gar nicht richtig hier sind.

Ich habe mich mit mehr als fünfzig Leuten ausführlich unterhalten und viele phantastische Menschen kennengelernt. Menschen voller Kraft und Glauben, die voller Mut hergekommen sind, allen Herausforderungen ins Auge gesehen haben und unglaubliche transozeanische Abenteuer erlebten. Menschen, die nicht aufgeben, die kämpfen, die sich ihren Humor und ihre Leichtigkeit bewahren, trotz der schweren Kleidern für die strengen Winter und trotz des Protestantismus um sie herum. Menschen, die helfen und andere nicht allein lassen. Menschen, die innovativ und aktiv im politischen, kulturellen, intellektuellen und sozialen Bereich arbeiten... Menschen, die glänzen und nicht vor Lustlosigkeit sterben wollen... Und es tat mir leid zu sehen, daß wir so versprengt in alle Himmelsrichtungen leben, ohne Austauschmöglichkeiten, und gar nichts von der Existenz der anderen ahnen. Und ich versuchte mir vorzustellen, wie fruchtbar es wäre, wenn wir mehrere dieser Kreativitäten und Kräfte zusammenbrächten und miteinander verbänden und bedeutende Ideen und Ereignisse in Deutschland hervorbrächten (natürlich existieren bereits einige Gruppen und Institutionen mit interessanten Projekten, aber meiner Ansicht nach sind es noch zu wenige).

Bei jedem Interview war ich bewegt von den Gemeinsamkeiten, die ich zwischen meiner widersprüchlichen Erfahrung und denen der anderen entdeckte. Und ich lernte aus den Verschiedenheiten. Indem ich ihre Träumen erfuhr, die das Schicksal der anderen Brasilianer beeinflußt hatten, ihre Frustrationen, ihre Verluste und Eroberungen, fühlte ich mich der schwierigen, aber gleichzeitig auch anregenden Situation eines Ausländers in Europa stärker gewachsen.

Einige der Befragten bleiben im Buch anonym, aus leicht ersichtlichen Gründen. Es sind die, die keine Aufenthaltsgenehmigung haben oder geheiratet haben, um sie zu bekommen. Die Jungs, die ihren Körper verkaufen, oder die Mädchen, die von erbarmungslosen Banden zur Prostitution

gezwungen wurden. Oder die, die gerne zurücknehmen würden, was sie gesagt haben, da unser Gespräch schon eine Weile her ist und sie sich nicht mehr mit dem identifizieren, was sie damals erzählt haben. Verständlich... man badet schließlich nicht gern zweimal im selben Fluß...
Ich bedanke mich von ganzem Herzen bei allen Befragten für die Ausbeute und für den guten Willen, mit dem sie von sich erzählt haben. Dieses Buch ist für sie, oder besser gesagt für uns Brasilianer in Deutschland, die wir nicht einmal genau wissen, wieviele wir sind und die wir nicht einmal wissen, was wir für dieses Land bedeuten. Grenzgänger in einer Welt, die noch nicht bereit ist, das Potential der Interkulturalität anzuerkennen und sich zunutze zu machen.

Sergio Carnevale

»Die Lachse erschöpften all ihre Kräfte und starben. Indessen werden nach einigen Monaten winzigkleine Fische den entgegengesetzten Weg in Richtung Meer nehmen. Und in einigen Jahren werden auch sie bereit sein, zur Quelle zurückzukehren. Umso besser.«

Fleisch meines Beines – Sergio Carnevale und Augusto Valente

Wenn ich über mein Schicksal als Einwanderer nachdenke, entdecke ich Gemeinsamkeiten mit dem Lachs. Dieser Fisch verbringt seine ersten Lebensjahre in einer Quelle oben in den Bergen, bis er blind einem inneren, natürlichen Impuls gehorcht, sich ins Meer zu werfen. In dieser Wandlung von Süß- nach Salzwasser durchläuft er tiefgreifende physische und chemische Veränderungen. Wenn die Zeit der Fortpflanzung gekommen ist, tritt er den entgegengesetzten Weg Richtung Quelle an. Der lange Rückweg ist sehr, sehr schmerzhaft! Stell dir einen Fisch vor, wie er gegen die starke Strömung schwimmt, hoch in die Luft springt, um gegen die Stromschnellen anzukommen, gegen Steine und Felsen schlägt und immer weiterschwimmt, obwohl alle Kräfte gegen ihn wirken... Auf seiner Lauer liegen Bären und Angler, die wissen, daß die Lachse dort vorbeiziehen, sich dem Wasser übergeben und nur ihrem Instinkt folgen, der sie sicher zurück an ihre Ursprünge führt. Während er reist, vollzieht sich seine Metamorphose – die Farbe verändert sich, die Verdauungsorgane bilden sich zurück, die Geschlechtsorgane werden größer, sowie auch die Unterkiefer, die Zähne werden schärfer, aber er kann nicht mehr essen. Wenn er endlich erschöpft oben in den Bergen ankommt, bleibt ihm nur noch,

gegen ein anderes Männchen um ein Weibchen zu kämpfen, sich fortzupflanzen und zu sterben.
Dieses tollkühne Abenteuer fasziniert mich. Warum muß dieser große, starke und intuitive Fisch solch ein qualvollen Weg gehen? Wäre es nicht einfacher gewesen, wenn er an dem Ort geblieben wäre, wo er geboren ist?
Diese und andere Fragen werfen ich und Augusto Valente in unserem neuesten Stück »*Fleisch meines Beines*« (»*Carne de minha perna*«) auf. Wir haben eine Parallele zwischen dem Leben des Lachses und der Geschichte irgendeines Wesens gezogen, das seine Heimat verläßt und in die Welt hinauszieht, auf der Suche nach dem Glück... Dieser unruhige Pilgerer wechselt regelmäßig die Umgebung. Wo immer er sich aufhält, hungert er, er friert und fürchtet sich, verliert Dinge, hinterläßt Spuren und verwandelt sich. Oft rennt er mit dem Kopf gegen die Wand, entweder weil er die neue Umgebung nicht einzuschätzen weiß, oder weil er immer wieder auf äußere oder sogar innere Hindernisse stößt: übertriebene Träume, übermäßigen Ehrgeiz, Naivität... Indessen ist der Motor seines Handelns unveränderlich der Traum von einem besseren Leben.
Im Laufe der Geschichte lernt der Reisende, seinen Zustand des Übergangs und der fortwährenden Veränderungen zu akzeptieren. Er hört auf, blindlings nach dem Glück zu suchen und gibt zu, daß die neue Welt, in die er kommt, nicht immer die Bessere ist. Er lernt, weniger zu leiden und mehr über sich selbst zu lachen. Weder die Reise noch die Abenteuer hören auf. Nur der Pilgerer erlangt ein zerbrechliches Gleichgewicht.
Ich glaube, wir alle, die wir ins Unbekannte aufbrechen, haben einige der Charaktereigenschaften dieser Figur in uns. Wir wandern aus Not aus, aus Neugier, aus einem Impuls heraus, aus Liebe, Abenteuerlust, Unzufriedenheit. Immer auf der Suche nach etwas Höherem, etwas Besserem.

Ich selbst bin Ende der achtziger Jahre aus Nova Friburgo, im Staat Rio de Janeiro, ausgezogen, um das Land meiner Vorfahren kennenzulernen und zu erleben, die ursprünglich aus dem Süden Italiens kamen. Ich erhielt ein Stipendium, um in Calabrien Italienisch zu lernen. Anfangs war es mein Plan, das Studium zu beenden und nach Mailand zu gehen, um meine Schauspielausbildung weiter zu verfolgen, die ich an der Universität in Rio de Janeiro begonnen hatte. Ich muß jedoch zugeben, daß mich Italien, trotz seiner Schönheit und der sympathischen Menschen, enttäuscht hat, all diese Unordnung, der ganze Müll auf den Straßen, die wirtschaftlichen Probleme, die Brutalität der Mafia. Ich hatte nicht erwartet, daß es in dem Land, aus dem meine Eltern kamen, wo man Pizza und Spaghetti ißt, wo viel gefeiert und gelacht wird, soviel Schmerz gibt.
Auf einer meiner Reisen durch Europa blieb ich schließlich in Deutschland stecken, wo ich bis heute lebe. Ich wollte hier bleiben, weil es anders war als alles, was ich bisher kennengelernt hatte. Wo hat man denn bitte schön eine Bushaltestelle gesehen, an der ein Fahrplan an einem Schild hing! Wenn der Bus um 14:52 kommen sollte, da war er auch genau dann da! Diese Organisation, diese perfekte Infrastruktur faszinierten mich. Und das Theater! Ich sah mir ein Stück von Heiner Müller in einem Theater in Köln an und war total beeindruckt von der Plastizität der Inszenierung und der Ausdruckskraft der Schauspieler... Eine Frau war in Müll gekleidet, ein Mann trug ein schwarzes Jackett, beide höchst rätselhaft. In einer bestimmten Szene hob die Frau einen roten Schuh vom Boden auf, der plötzlich eine ganz andere, großartige Bedeutung bekam... das war ein Grad an Dramatik, wie ich ihn nicht im Entferntesten kannte. Gut, sehr viel später habe ich gemerkt, daß es auf deutschen Bühnen nur rote Schuhe und schwarze Jacketts gab. Aber bis dahin erschien mir alles neu und originell und ich glaubte, beruflich in Deutschland viel lernen zu können.

Ich beschloß, hier zu bleiben und mein Glück zu versuchen. Aber wovon sollte ich in einem Land leben, dessen Sprache ich nicht beherrsche? Ich fragte in einem italienischen Restaurant nach Arbeit und wurde sehr freundlich empfangen. »Ach, du bist neu in Köln? Natürlich, du kannst bei uns arbeiten!«

Ich war Küchenhilfe und verdiente fast nichts – sechs Mark die Stunde. Aber ich war immer noch in einer privilegierten Position, weil ich die italienische Staatsangehörigkeit besaß. Mein indischer Kollege, der ohne Papiere in Deutschland war, verdiente noch weniger als ich. Und in dem zweiten Restaurant, in dem ich gearbeitet habe, durften nur die Italiener essen. Unseren türkischen Kollegen war es verboten zu essen. Diese Ungerechtigkeiten machten mir zu schaffen, ich konnte nicht damit leben...

Nach etwa sieben Monaten hörte ich mit den Jobs auf und beschloß, mich auf meinen Beruf zu konzentrieren. Das Problem war, daß ich kein großes Vertrauen in meine beruflichen Fähigkeiten hatte. Ich empfand meine Schauspielausbildung aus Brasilien als ungenügend, ich fühlte mich den Deutschen unterlegen. Also beschloß ich, mich erstmal ein bißchen weiterzubilden, bevor ich mit dem Vorsprechen begann.

Ich ging zu einer Tanz- und Theaterschule in Bergisch-Gladbach. Da ich kein Geld hatte, um den Unterricht zu bezahlen, bot ich meine Dienste an – ich könnte im Gebäude putzen und den anderen Schülern Italienisch beibringen. Ich wurde angenommen.

Was für ein Schock! Die Schule war ein Mausoleum – dilettantische, mumifizierte Lehrer, eine strenge, dumme und unkreative Schauspielausbildung und ein geist- und herzloser, klassischer Tanzunterricht. Und ich hatte gedacht, meine Schule in Rio de Janeiro wäre schlecht gewesen! Der Gipfel des Absurden war dann, als sich eines Tages eine deutsche Mitschülerin an mich wandte und sagte: »Wie schön, daß du

hergekommen bist, so kannst du ein bißchen Kultur mit nach Brasilien nehmen, wenn du zurückgehst!«
»Spinnst du denn, Mädchen?« dachte ich mir. »Ich soll diese tote Kultur in ein lebendiges Land wie meines bringen? Ich bin doch nicht verrückt«. Von da an lernte ich zu schätzen, was ich in Brasilien gelernt hatte und meinen eigenen Eingebungen zu folgen. Ich verließ die Schule in dem Bewußtsein, bereits eine abgeschlossene Ausbildung zu haben und mich demzufolge ab jetzt auch so zu verhalten. Ich wollte mir eine Arbeit suchen und fand schließlich in der Zeitung eine Anzeige der Theatergruppe »Kölner Ensemble«, die einen Schauspieler mit guter Körperbeherrschung suchte. Ich stellte mich vor, wurde angenommen und bekam eine Rolle, die eher auf Körpersprache als auf Gesprochenem basierte, da mein Deutsch noch nicht gut genug war. Das Publikum reagierte so positiv, daß ich mich sicher genug fühlte, um kühnere Schritte zu wagen.

Mit der Zeit und besseren Sprachkenntnissen begann ich, mir eigene Stücke auszudenken, zusammen mit dem Komponisten Augusto Valente. Unser erstes Stück, *»Die Weltlichste aller möglichen Bestien«*, das auf der Geschichte *»Candide«* von Voltaire basierte, wurde für den Kölner Theaterpreis nominiert.

Wir gründeten eine Gruppe namens »Anthropófagu Teatromúsica«. Erfreulicherweise kamen wir bei den Kölner Theaterkritikern immer gut weg. Mein brasilianischer Akzent stand mir dabei nie im Weg, ganz im Gegenteil...

Als Künstler befinde ich mich in einer relativ guten Lage in Deutschland. Ich habe Zugriff auf Informationen, bekomme Bücher und Videos zu annehmbaren Preisen (was in Brasilien sehr selten ist), kann meine eigenen Produktionen realisieren und konzentriert arbeiten. Ich habe Kontakt zu ausländischen Regisseuren, zum Beispiel in Italien, wo ich regelmäßig hinfahre, um meine Stücke vorzustellen.

Ich muß allerdings sagen, daß ich mich hier nicht zu Hause fühle. Was mich am meisten stört, sind die schwierigen Beziehungen zwischen den Leuten. Ich vermisse Leichtigkeit, Einfachheit und Nähe. Ich erinnere mich, daß anfangs, wenn ich, nichts Böses denkend, jemanden küssen oder umarmen wollte, die Leute zurückwichen oder mich sogar wegstießen! Wie sollte ich, der ich aus einem Land komme, wo die Leute sich mit Küssen ins Gesicht begrüßen, wissen, daß eine Umarmung als ein Eindringen in die Privatsphäre betrachtet wurde? Inzwischen habe ich mich an diese neuen Verhaltensregeln gewöhnt, obwohl ich sie nach wie vor nicht verstehe.
Trotz dieser Fremdartigkeiten habe ich vor, in Deutschland zu bleiben, um mich von hier aus international als Schauspieler zu etablieren. Ich bin 31 Jahre alt und hoffe, weiterhin viele Jahre ein unruhiger Mensch zu bleiben, der immer auf der Suche nach neuen Orten, Impulsen und Herausforderungen ist und so große Sprünge macht wie die Lachse. Erst wenn ich mich weit genug verändert habe und genug erreicht habe, möchte ich mich in Italien niederlassen, wo ich mich am meisten verwurzelt fühle. Aber erst, wenn ich ganz alt bin...

Tarcísio Loch

»Sie wissen ja. Sertão ist da, wo Faust und Verschlagenheit das Regiment führen. Auch Gott, soll er sich hierherwagen, soll lieber eine Knarre mitbrigen. «

João Guimarães Rosa

Ist der Sertão, diese öde, weite Wildnis, ist sie überall? Du, die du dich mit dieser Welt der Bücher herumschlägst, du müßtest es doch wissen. Ich weiß nur, daß ich einen weiten Weg gegangen bin, um hierher zu gelangen, und noch einen weiten Weg vor mir habe, um dort hinzugelangen, wo ich hin will. Du glaubst mir nicht? Ich komme aus einer Familie von Landarbeitern, die saßen nicht den ganzen Tag in der Bibliothek. Meine Urgroßeltern - sowohl väterlicherseits als auch mütterlicherseits - waren Landwirte aus verschiedenen Regionen Deutschlands, vom höchsten Norden bis in den tiefsten Süden. Als 1850 die Wirtschaft zusammenbrach, packten sie alles, was sie hatten, und machten sich auf nach Brasilien - das damalige Eldorado. Das wunderbare Land, wo die Schweine Bananen und Birnen fraßen. Wo hatte man so etwas schon gesehen? Schweine, die Bananen fraßen... Meine Eltern haben erzählt, daß meine Großeltern erzählt haben, daß meine Urgroßeltern erzählt haben...daß, als sie nach Brasilien kamen, in dieses faszinierende Land, voller hoffnungsvoller Erzählungen, sie entdeckten, daß das gelobte Land...sie entdeckten, daß das von den brasilianischen Behörden gelobte Land am Rande der Hölle lag.
Das vielversprechende Land befand sich inmitten frostiger Gebirge, im Inland von Santa Catarina, 150 Kilometer vom Hafen von Florianópolis entfernt, wo die deutschen Immi-

granten erschöpft an Land gegangen waren.
Der Weg dorthin war ein einziger Urwald. Also nahmen meine Urgroßeltern und noch etwa zwanzig andere Familien ihre Buschmesser, Sensen und Macheten und bahnten sich sogenannte »*Picadas*« durch den Busch. Eine Gruppe ging voran, legte eine Lichtung an, pflanzte Mais und Weizen. Die Gruppe, die danach kam, sammelte die Ernte ein und bereitete das Mehl zu. Es war eine mühselige Reise und ein Weg voller Gefahren. Sie mußten viele Indios töten. Das war eine Frage des Überlebens.
Es dauerte zwei Jahre, bis die Familien Vargem do Cedro erreichten, die kleine Stadt, in der ich zur Welt kam. Sie lebten dort von der Umwelt abgeschnitten, als Selbstversorger, fast ein Jahrhundert lang.
Meine Großeltern lernten kein einziges Wort Portugiesisch. Erst nach dem Zweiten Weltkrieg, als jene deutschen Immigranten in Kontakt mit Brasilianern kamen, haben meine Eltern die Sprache gelernt. Meine Mutter sprach sehr schlecht, mein Vater ein bißchen besser. Meine älteren Geschwister haben Lesen und Schreiben auf deutsch gelernt, aber ich war schon moderner, ich bin in den Sechzigern geboren und hatte Portugiesisch in der Schule, seit ich sieben war. Das war ein hartes Brot, ich habe einiges einstecken müssen. Die Lehrerin ließ mich jedes Mal auf dem rauhen Steinboden niederknien, die Nase an der Wand, wenn ich es gewagt hatte, im Klassenraum irgend etwas auf deutsch zu sagen. Aber erst mit 17, als ich zu Hause auszog und nach Blumenau ging, beherrschte ich das Portugiesische wirklich. Kein Wunder: Meine Freunde machten sich über mich und meine vielen Fehler lustig...
Tatsache ist, daß ich als Kind keinen großen Anlaß hatte, richtig Portugiesisch zu lernen. Zu Hause und mit den Freunden wurde nur deutsch gesprochen. Wenn unsere Familie auf ein Volksfest ging, sagten die Leute: »Ah, da kommen die Deutschen«. Abgesehen von der Sprache behielten

wir deutsche Bräuche aus dem vergangenen Jahrhundert bei: die Tänze, die Lieder, das typische Essen. Und ein Bild Deutschlands, das weit entfernt von der Realität war... Natürlich, wir waren ja auch schon seit mehr als hundert Jahren weg. Das Bild, das uns unsere Großeltern übermittelt hatten, war das eines Landes mit hart arbeitenden, äußerst aufrichtigen Menschen, deren Wort über jeden Zweifel erhaben war. Sonst wußten wir nichts. Wir hörten irgend etwas im Radio, ich glaube es war die Deutsche Welle. Der Rest entsprang unserer Phantasie. Meine Eltern hatten, um die Wahrheit zu sagen, nicht einmal Zeit, darüber nachzudenken, so hart arbeiteten sie, um diese Bande von Kindern zu ernähren! Aber je älter wir und die anderen meiner Generation wurden, desto größer wurde das Interesse. Wir erfuhren, daß Deutschland ein reiches, sauberes und organisiertes Land war. Ein Paradies! Das Gegenteil von dem, was meine Urgroßeltern verlassen hatten...

In meinem Inneren hatte ich immer die Gewißheit, daß irgendwann der Tag käme, an dem ich das Land meiner Vorfahren kennenlernte. Ich wußte nicht, wie, aber ich wußte, daß er kommen würde. 1984 war es soweit. Ein Freund aus Blumenau fragte mich: »Tarcísio, was hälst du davon, wenn wir nach Deutschland gehen?« Ich antwortete: »Und was sollen wir dort?« Und er: »Herumfahren«. Ich hatte Urlaub gut, war neugierig und hatte Zeit. Ich schlug ein.

Als wir in Deutschland ankamen, waren wir geschockt. Ich war beeindruckt von der Währungsstabilität, schließlich war ich es gewohnt, eine hohe Inflation meistern zu müssen. Die Sauberkeit und die gute Organisation im Land erregten ebenfalls meine Aufmerksamkeit. So etwas beeindruckt einen Brasilianer immer. Ah, und die Landschaft, die unvergeßliche Schönheit Süddeutschlands!

Aber – durch diese Schönheit zu reisen, ist eine Sache, das alltägliche Leben eine andere. Und der Alltag in Deutschland ist wahrhaftig nicht schön. Die Leute unterstützen sich nicht gegenseitig, niemand hat Zeit für den anderen, alle haben schlechte Laune. Wenn man sie fragt, wie es ihnen geht, sind sie immer gestreßt. Ich weiß nicht, woher sie all den Streß nehmen... Selten hört man jemanden antworten, daß Gott sei Dank alles in Ordnung sei, man könnte sogar meinen, sie fürchteten sich davor, fröhlich zu sein. Ich dachte sofort, es müsse sehr traurig sein, in einem Land wie diesem zu leben. Also gut, nach einem Monat Hin- und Hergereise kehrte ich zurück nach Blumenau. Von da an nahm mein Leben einen neuen Lauf. Ich war immer offen für Neues, ich lernte schließlich liebe Leute in Bahia kennen und zog dort hin. Ich arbeitete einige Jahre auf einer Kakaofarm, bis ich eines Tages alles stehen und liegen ließ, mich aus dem Staub machte, und das Glück in einer Smaragdmine in Goiás suchte. Ich wußte, es würde nicht einfach werden, aber ich wußte auch, daß ich überleben mußte. Hey du, den Hintern im weichen Sessel... hör gut zu, was ich sage: es ist besser, wenn man sich von früh an an das Elend des Lebens gewöhnt. Und in den Minen ist das Leben hart und vielfältig, weil alles im Widerspruch ist. Ein Mann kann heute ein Multimillionär sein und morgen keinen roten Heller mehr besitzen. Heute findet er einen wertvollen Smaragd auf dem Boden, morgen verliert er beim Spielen sogar seine Tochter. Und wer mutig ist und gut bewaffnet, überfällt andere und nimmt ihnen ihr Terrain weg. Als ich ankam, war die Phase, in der das Gebiet abgesteckt wurde, schon vorbei. Aber der Frieden, den ich meinte gefunden zu haben, war nur eine Illusion. Die Gewalttätigkeit dieser Schürfer bricht bei den geringsten Anlässen hervor. Ich habe schon mitangesehen, wie jemand umgebracht wurde, weil er am Tresen das Schnapsglas eines anderen umgestoßen hat. Er wollte es sogar noch wieder gutmachen und einen neuen Schnaps bestellen, aber der andere sah ihn nur böse an und sagte: »Der Schnaps, den ich trinken wollte, war der hier eben...« und feuerte mehrere Schüsse auf ihn ab. Und dabei bleibt es dann. Denn die Polizei dort denkt sich, in die Luft schießen ist Quatsch, wer schießt, muß auch treffen.

Wenn du es gerne in Buchstaben und Zahlen hast, prüf' es nach. Als ich bei der Mine ankam, hatte ich zehn gute Freunde. Drei Jahre später waren nur noch zwei am Leben. Vielleicht genügt das als Statistik.

Willst du wissen, warum ich noch lebe? Weil ich mir, als ich ankam, geschworen habe, daß dort nicht mein Platz war, was immer auch geschehen mochte, nach zwei Jahren würde ich abhauen. Gesagt, getan. Sechs Monate lang habe ich die Leute kennengelernt, gelernt, was einen guten Stein ausmacht, Kontakte geknüpft. Danach habe ich sechs Monate unter der Erde verbracht und Steine rausgeholt. Die qualitativ mittelmäßigen habe ich an indische Händler in Rio verkauft. Die guten habe ich behalten.

Ab einem bestimmten Zeitpunkt paßte ich mich der Gewalt an. Abends stieg ich nicht mehr ohne Revolver in der Hand aus dem Wagen. Und ich schlief nur noch im Wagen und bewachte die Berge von Steinen, und einer hielt noch Wache, und draußen liefen zwei riesige Hunde herum. Aber sag mir, wer schläft schon ruhig, wenn er darauf wartet, jeden Augenblick überfallen zu werden?

Nach dem ich Gott sei Dank mit viel Glück zwei Jahre überstanden hatte, reichte es mir und ich machte mich auf nach Bahia. Heute habe ich einen Partner in Brasilien, der die Steine schleift, und einen in Deutschland, der mir hilft, die Steine zu verkaufen. Ich komme zwei- bis dreimal im Jahr nach Deutschland und fahre etwa zwei Monate herum, um meine Geschäfte zu machen.

Das erste Mal zog ich mit einer kleinen Aktentasche von Tür zu Tür. Ich klopfte bei jedem kleinen, mittleren oder großen Juwelier an. Da ich sehr deutsch aussehe, wurde ich nie abgewiesen. Aber sobald ich mich als Brasilianer zu erkennen gab, wollten die meisten nicht einmal mit mir sprechen und warfen mich raus... Also stellte ich es anders an... Ich sagte nicht, woher ich kam, sondern nur, daß die Steine aus Brasilien waren. Erst später, wenn wir bereits über Qualität, Preise und all das sprachen, kam ich mit der Wahrheit raus. Du kannst dir nicht vorstellen, wie die Juweliere erschraken. »Wie kannst du Brasilianer sein? Du sprichst deutsch, bist blond und ganz weiß«. Sie löcherten mich mit Fragen. Meistens merkte ich, daß sie ängstlich wurden. Nur wenige blieben locker. Die meisten fingen an, die Steine zu bemängeln und stellten sich quer... Um ihr Vertrauen zu gewinnen, bot ich ihnen an: »Solange Sie die Qualität der Steine nicht geprüft haben, brauchen Sie sie nicht zu bezahlen. Wenn Sie echt sind, behalten Sie sie«.

Mit diesem Angebot und meinen guten Preisen erlangte ich mit der Zeit Glaubwürdigkeit und heute bin ich schon etwas zufriedener. Das Geschäft lohnt sich allmählich. Aber es ist noch nicht lange her, da wurde ich richtig übers Ohr gehauen, von einem Juwelier aus München. Ein sehr vornehmer Mann, mit einem schicken Atelier. Er behielt die Steine und dann... haute er einfach ab. Keinen Pfennig hab ich gesehen. Deswegen sage ich: Wer nach Deutschland kommen will, der soll ruhig kommen. Aber er soll nicht glauben, so wie ich damals, er träfe hier nur auf aufrichtige Menschen, deren Wort über jeden Zweifel erhaben ist... Also, kommt ruhig... aber seid auf der Hut.

Weißt du, wenn ich es mir recht überlege, deine verstaubten Bücher haben schon recht. Überall wo ich hinkomme ist es dasselbe, überall diese endlose öde Wildnis...

Luiz Ramalho

1969. Ein Jahr brutaler Diktatur in Brasilien. Ich war noch ein kleiner Junge von siebzehn Jahren, wußte aber schon genug von Politik und war in der Studentenbewegung von Rio engagiert. Zusammen mit ein paar gleichaltrigen Hitzköpfen beteiligte ich mich an Protesten gegen die Militärdiktatur. Als die Direktion der Pedro II – Schule von unseren politischen Aktivitäten erfuhr, warf sie alle Aktivisten raus, mit Ausnahme von mir, denn aufgrund meiner Zeugnisnoten gehörte ich zur Elite der besten Schüler. Diese ungerechte Bevorzugung machte mich wütend. Wir kämpften doch gemeinsam für dieselbe Sache! Warum sollte nur ich verschont werden?
Später wurde ich bei einer Demonstration angeschossen und fast getötet. Das brachte das Faß zum Überlaufen. Ich entschied mich, unter diesen Bedingungen nicht länger in diesem Land zu bleiben und schrieb mich in einem kulturellen Austauschprogramm ein, das mich zu einer deutschen Familie in Aachen führte.
Ich war erst vier Monate in Deutschland, als eine internationale Organisation mich zu einem Vortrag über die politische Situation in Brasilien einlud. Ich sprach über soziale Ungleichheiten, das Elend, die Folterungen der politischen Gefangenen, erklärte das Anliegen der studentischen Bewegung und die Entführungen seitens der Linken. Der Vortrag erhielt unerwartete Aufmerksamkeit, dank der Anwesenheit eines Journalisten, der nicht um den vertraulichen Charakter der Veranstaltung wußte und einen umfangreichen Artikel darüber in einer Aachener Tageszeitung veröffentliche.

Damals verfolgte die Militärregierung eine harte Kampagne gegen »schlechte Brasilianer«, die das Bild Brasiliens im Ausland »beschmutzten«. Als die brasilianische Botschaft in Deutschland Kenntnis von meiner Rede bekam, teilte sie dies dienstbeflissen der brasilianischen Regierung mit und mir wurde der Paß abgenommen, gegen den Widerstand einiger Mitglieder des Diplomatenverbands, die nicht die Rolle des Unterdrückers spielen wollten.
Ich war verzweifelt. Ich war mit einem festen Rückreisetermin aus Brasilien weggegangen und jetzt war ich plötzlich gezwungen, in einem anderen Land zu bleiben, ohne Papiere und ohne zu wissen, wie ich mein Leben bestreiten sollte, lediglich »geduldet« von der deutschen Regierung. Der Kontakt zu meiner Familie, zu meinen Freunden, meiner Freundin, der Dichterin Ana Cristina César, all das sollte mir genommen werden? Würde ich plötzlich kein Brasilianer mehr sein? Das durfte nicht sein! Ich weigerte mich, politisches Asyl in Deutschland zu beantragen, und beschloß, um meinen Paß zu kämpfen. Und so wurde ich in Rekordzeit erwachsen.
Einige Monate lebte ich als Staatenloser, bis mich die Botschaft zu einem Gespräch einlud. In der Zwischenzeit erhielt ich Unterstützung der deutschen evangelischen Kirche. Ich ging mit einem umfangreichen Sicherheitsgeleit zu dem Gespräch, ein Abgeordneter der SPD, ein Bischof und einige andere deutsche Kirchenmänner waren bei mir. Ich hatte sogar schon einen Asylantrag in der Tasche, falls man mich in der Botschaft festhalten wollte.
Befragt wurde ich vom Militärattaché, der über alle Einzelheiten meines Schullebens in Aachen informiert war. Stell dir vor! Eine Regierung, die Angst vor einem siebzehnjährigen Jungen hatte, so daß sie ihn in der Schule bespitzeln ließ! Als die Befragungen und Einschüchterungen vorbei waren, händigte er mir einen Paß aus, der drei Monate gültig war und aus dem hervorging, daß ich, sollte ich eines Tages zurück

nach Brasilien gehen, mich umgehend bei den brasilianischen Behörden zu melden hätte. Ein Paß in die Hölle! Sogar der brasilianische Konsul in Düsseldorf gab zu, daß man mich hinrichten würde, wenn ich in meine Heimat zurückginge.

Da ich Angst hatte, meine Identität zu verlieren, weigerte ich mich weiter, in Deutschland um Asyl zu bitten, und bestand darauf, meinen Paß zu behalten, der alle drei Monate erneuert werden mußte. Zwei Jahre lebte ich in dieser mißlichen Lage, bis ich eines Tages das Risiko einging, nach Brasilien zu reisen, ohne irgend jemandem Bescheid zu sagen, außer meiner Familie.

Ich kam frühmorgens in Rio an, mit einer Maschine, in der nur deutsche Passagiere saßen. Ich wandte mich in sympathischem Tonfall an einen Beamten: »Guten Tag, ich bin der einzige Brasilianer aus diesem Flugzeug, bitte beschleunigen Sie meine Einreise«. Der Polizist öffnete meinen Paß, guckte nicht einmal auf den Eintrag, stempelte ihn ab und ich spazierte gesund und munter in mein Land, im schlimmsten Jahr der Diktatur. Das war 1971. Unter der Regierung Médici.

Ich blieb lange genug in Rio, um die Sehnsucht nach meinen Freunden zu stillen und festzustellen, daß es tatsächlich keine Möglichkeit für mich gab, in diesem Land zu leben. Um aus Brasilien rauszukommen, mußte meine Familie einen Beamten des Brasilianischen Fußballbundes anheuern, der die Bundespolizei mit Eintrittskarten für Spiele der Nationalmannschaft bestach, die gerade dreifacher Weltmeister geworden war. Mit einem vollkommen legalen Paß aus den Händen der Polizei verließ ich Brasilien, bereit die Herausforderungen des Exils anzunehmen.

Ich beschloß also, in Deutschland zu leben, ohne meine Identität als Brasilianer aufzugeben, und hier meine berufliche Karriere aufzubauen, solange sich die Lage dort nicht entspannte. Ich schrieb mich an der Fakultät für Soziologie in

Frankfurt ein, rechtzeitig genug für die letzten Vorlesungen von Habermas. Später ging ich an die Universität von Vincennes, in Frankreich, deren Professoren bedeutende linke Intellektuelle waren. Ich machte meinen Abschluß an beiden und bewarb mich um eine Stelle als Assistent für Politologie am Lateinamerikanischen Institut der Freien Universität Berlin, und für Entwicklungssoziologie am Soziologischen Institut. Ich bekam beide Stellen und entschied mich für die Soziologie.

Als Soziologe und Dozent entdeckte ich eine neue Welt: Afrika. Ich betrieb verschiedene Forschungen über Algerien, Mali, die Kapverdischen Inseln und Westafrika. Parallel dazu machte ich meinen Doktor. Als mein Vertrag als Assistent auslief, ging ich in den Bereich der internationalen Zusammenarbeit. Ich arbeitete in der Carl-Duisberg-Gesellschaft, als Leiter eines Programms, das Deutsche in Länder der Dritten Welt schickte, um dort Forschungsarbeiten durchzuführen. In diesem Amt blieb ich bis Ende der achtziger Jahre, als ich beschloß, für eine Zeit zurück nach Brasilien zu gehen, wo inzwischen wieder die Demokratie herrschte.

Trotz meines beruflichen Erfolges in Deutschland blieb das Gefühl, mein Leben wäre von seinem eigentlichen Weg abgekommen. Ich machte eine vollkommen andere Karriere als mein Bruder, der auch seinen Abschluß in Soziologie gemacht und einen Lehrstuhl an der Universität von Rio de Janeiro bekommen hatte. Ich fragte mich, ob ich glücklicher wäre, wenn ich in Brasilien geblieben wäre? Wie anders sollte ich es herausfinden, als zurückzukommen? Ich ließ mich am Carl-Duisberg-Institut beurlauben und ging nach Recife, als Koordinator der Gesellschaft für Technische Zusammenarbeit, der GTZ.

Ich lebte mich in Brasilien sofort wieder ein. Trotz der Unannehmlichkeit, mit der Mentalität der pernambucanischen Oligarchie umgehen zu müssen, fühlte ich mich gleich wieder wie zu Hause. In Brasilien bin ich viel entspannter, mein Körper verhält sich anders. Ich bin dort einfach für alles sensibler, für Sexualität, Musik, Natur. Die Leichtigkeit der täglichen Kommunikation verschafft mir größeres Wohlbefinden als in Deutschland, wo ich mich anstrengen muß, um mit anderen in Kontakt zu kommen. In Brasilien nimmt man ein Taxi und unterhält sich nett mit dem Fahrer, ohne Scheu. In der Kneipe erzählt man sich Witze und lacht sich kaputt, ohne sich vorher zu kennen. Der Arbeitsplatz ist voller Emotionen, in der Pause flirtet man gern mal oder unterhält sich mit Kollegen über ein Thema, über das im Büro nicht geredet wird.

Aber ich hatte meiner deutschen Familie versprochen, daß wir nach fünf Jahren zurück nach Deutschland gehen würden. Wir kamen unter optimalen Bedingungen zurück, ich wurde Abteilungsleiter an der Carl-Duisberg-Gesellschaft, aber ich litt ein Jahr, bis ich mich wieder an dieses Land gewöhnt hatte. Man muß sich hier einen Raum schaffen, wo man sich wohl fühlt, weil man den ganzen Tag angegriffen wird. Man steigt in den Bus und muß sich erstmal eine agressive Bemerkung vom Fahrer anhören, wenn man zur Arbeit kommt, ist der Pförtner schlecht gelaunt, und so weiter. Es fehlt die Leichtigkeit, die Entspannung. Aber da ich die deutschen Verhaltenskodexe inzwischen beherrsche, bin ich schnell wieder damit zurechtgekommen.

Die kulturellen Kodes zu beherrschen, ist von fundamentaler Bedeutung, wenn man sich in einem Land einleben will, und das auch beruflich. Als Ausländer benötigt man Disziplin, wenn man alles wissen will, was die Deutschen wissen – die Sprache (nicht nur Grammatik und Orthographie, sondern auch die Betonung und die jeweils besten Ausdrücke in jeder Situation), berufliche Techniken, *social skills*, Arbeitsmoral, Ernsthaftigkeit, etc. – und noch etwas mehr, denn die Deutschen gehen davon aus, daß, wer von außerhalb kommt, inkompetent ist. Sie sorgen dafür, daß man sich unsicher und unfähig fühlt. Ich habe viele Brasilianer kennengelernt, Universitätsprofessoren, die, als sie hierherkamen, enorme Rückschritte machten und aus Unsicherheit Fehler begingen. Man braucht viel Kraft, um sich gegen diesen Druck zu behaupten. Viele Leute kommen nicht dagegen an und werden für immer zu Außenseitern, obwohl es auch Leute gibt, die absichtlich Außenseiter sind. Das sind die, die man hauptsächlich in brasilianischen Bars, Restaurants und kulturellen Veranstaltungen trifft und die mit Leichtigkeit überleben, ohne daß sie sich im deutschen Arbeitsmarkt integrieren müssen). Oder sie gehen zurück nach Brasilien und fühlen sich als Versager. Ich empfinde es als sehr positiv, wenn jemand erkennt, daß er oder sie sich mit dieser feindlich gesinnten Umwelt nicht anfreunden kann und wieder verschwindet. Sonst läuft man Gefahr, länger zu bleiben als man sollte, und unnötige Dinge zu tun, kurz, vor sich hin zu vegetieren, aus Angst, der Niederlage ins Auge zu sehen.

Normalerweise legen einem die Deutschen enorme Hürden in den Weg, wenn man als Ausländer beruflich aufsteigen will. Ich kenne keinen einzigen Ausländer, weder bei der GTZ, noch bei sonst irgendeiner Institution dieser Art, der hierarchisch gesehen auf meinem Level ist. Ich bin eine Ausnahme. Aber ich bin mir auch bewußt, daß, wenn ich mehr anstreben würde, zum Beispiel das Amt eines Direktors eines deutschen Instituts, ich meine Rolle verkennen würde, nämlich die, lediglich das Gewürz beim Essen zu sein.

Ich habe es geschafft, mich beruflich zu verwirklichen, trotz des Mißtrauens gegenüber Ausländern, weil ich alles kann, was die Deutschen können, und außerdem diese gewisse brasilianische Art habe, innovativ, kreativ und flexibel zu sein und unbürokratische Lösungen für bürokratische Probleme zu finden. Innerhalb der deutschen Institutionen besteht eine große Notwendigkeit von Erneuerung. Ich kämpfe gegen die Unbeweglichkeit und die Sturheit, indem ich mein

Team mit Kreativität bombardiere. Ich bringe die Leute dazu, kreativ zu sein, mit vorgefertigten Normen zu brechen, die mürrische Seite des deutschen Alltags zu vergessen und etwas Neues auszuprobieren, etwas, das ihnen Freude macht. Ich tue das, ohne die Einhaltung meiner anderweitigen Verpflichtungen zu vernachlässigen, wie z.B. Projekteinreichungen, Zahlung von Rechnungen, usw.

Die Leute akzeptieren meine brasilianische Art, weil sie merken, daß ich auch die deutsche Herangehensweise komplett beherrsche. Ich beherrsche außerdem ihren Diskussionsstil, der für einen Brasilianer erstmal ziemlich aggressiv klingt. Das ist die sogenannte deutsche »Streitkultur«, eine Kultur der Konfrontation, der Problematisierung der Dinge, der endlosen Diskussion über ein Thema, sowohl im Bereich der Arbeit als auch unter Freunden.

Die Deutschen haben ein großes Bedürfnis, Probleme in Worte zu fassen und alle ihre Aspekte bis zur Erschöpfung auszudiskutieren, was einem Brasilianer langweilig, ermüdend und obendrein noch unnötig vorkommt. Die Deutschen denken, ein Konflikt ließe sich nur auf diese Art lösen. Aber die Vertiefung eines Themas über die Verbalisierung kann auch zu einem Teufelskreis führen, weil mit jedem gesagten Satz neue Mißverständnisse auftauchen, die wiederum aufgeklärt werden müssen und so weiter, wodurch der Konflikt noch verschlimmert werden kann. Brasilianer neigen dazu, die Dinge anders zu lösen, was nicht bedeutet, daß sie oberflächlich sind. Wenn sie hören, wie sich jemand immer wiederholt, sagen sie: »He, laß uns aufhören zu reden und einen Sekt trinken gehen! Laß uns tanzen gehen! Oder vielleicht ein bißchen Musik hören?« Das ist ein Versuch, etwas zu lösen, ohne die Schwere des Redens.

Diese Tendenz der Brasilianer, die verbale Konfrontation zu meiden, kann erfrischend positiv sein, aber auch gefährlich, wenn sie eine reine Flucht vor dem Problem ist und demzufolge die Unfähigkeit, es zu lösen.

Ich glaube, daß in einigen Aspekten eine Ergänzung zwischen der deutschen und der brasilianischen Kultur interessant und produktiv sein kann. Da die Brasilianer aus einer Situation kommen, die von Unsicherheit geprägt ist, in der sie ständig improvisieren und zusehen müssen, wie sie zurechtkommen, verfügen sie über ein gewisses Geschick und die Bereitschaft, neue Herausforderungen anzunehmen. Der Vorteil des deutschen Systems ist es, vertrauenswürdig zu sein, Kontinuität und die Einhaltung von Regeln und Abmachungen zu garantieren. Die Deutschen sind konservativ, in dem Sinne, bestimmte Werte und Prinzipien aufrechtzuerhalten. Bevor irgendeine Veränderung gutgeheißen wird, wird sie erstmal ausführlich abgewogen. Deswegen gehen Erneuerungen hier nur sehr langsam vonstatten. In der schnellebigen Zeit der Globalisierung wäre es eine interessante Vorstellung, diese beiden Gegensätze zu kombinieren. Die Ruhe beizubehalten, ohne sich der Dynamik der Veränderung zu verschließen. Die Beweglichkeit und neue kulturelle Elemente zuzulassen, ohne die speziellen Werte der ansässigen Kultur außer Acht zu lassen. Flexibel sein und aufeinander eingehen, ohne vor der Konfrontation davonzulaufen.

In dieser Zeit der immer härter werdenden internationalen Konkurrenz hätte Deutschland mehr Erfolg, wenn es offener für Ausländer wäre, so wie die USA es sind, die die besten Leute aus allen Ländern an ihre wissenschaftlichen Institute holen und gleichzeitig den Dienstleistungssektor für Einwanderer ärmerer Länder öffnen.

Die ehemalige konservative deutsche Regierung hat auf die Integration von Millionen von ausländischen Arbeitern verzichtet, die in den sechziger Jahren auf dem Höhepunkt ihrer physischen und intellektuellen Kraft auf Einladung Deutschlands hierherkamen. Sie hat nicht für die Integration der Türken gesorgt, die arbeiten, regelmäßig ihre Steuern zahlen und zum Wohlstand dieses Landes beitragen. Sie hat die jun-

gen Türken in einem Maße abgewiesen, daß diese die Bestätigung ihrer Identität im moslemischen Fundamentalismus suchen mußten. Als wäre dies nicht genug, hat die Regierung sie beschuldigt, der Integration entgegen zu arbeiten. Mit einem Wort, sie hat es versäumt, die Vorteile der Multikulturalität zu nutzen.
Dasselbe geschieht heute mit den Flüchtlingen aus diversen Ländern. Als ich herkam, gab es noch wenige Flüchtlinge in Deutschland; hätte ich um politisches Asyl gebeten, wäre es mir umgehend bewilligt worden. Mit der wachsenden Anzahl von Kriegsflüchtlingen, Menschen, die vor miserablen Lebensbedingungen und ethnischen Verfolgungen flüchteten, verschloß sich Deutschland zunehmend und verlor damit die Chance, das Problem auf ehrliche Weise anzugehen. Ich halte es für zulässig, wenn eine Gesellschaft sagt, sie sei nicht in der Lage, Millionen von Flüchtlingen aus der ganzen Welt aufzunehmen. Aber weder ließ die deutsche Linke zu, daß diese Diskussion geführt wurde, denn dies bedeutete ihrer Meinung nach das Brechen eines Tabus und hieße, Ausländer zu diskriminieren, noch sah die Rechte in der Debatte eine Chance für das Land. Warum hat Deutschland nicht eine begrenzte Anzahl von Menschen einwandern lassen und sie vollständig integriert? Warum hat man sich nicht den Reichtum dieser mannigfaltigen Identitäten für die Entwicklung des eigenen Landes zu Nutze gemacht?
Ich zum Beispiel bin so von der Interkulturalität fasziniert, daß ich mit 46 Jahren daran denke, eine asiatische Sprache zu lernen, um eine Zeitlang in Asien zu leben und für eine internationale Behörde zu arbeiten. Warum soll ich mich auf die Achse Brasilien-Deutschland beschränken? Ich fühle mich in Deutschland wohl, ich habe spezielle Formen gefunden, mein Leben zu definieren und soziale Prozesse zu beeinflussen, ich genieße die politische und wirtschaftliche Stabilität dieses Landes und finde die Mischung von Freunden diverser Nationalitäten toll, die ich hier in Berlin habe. Und

ich mag Brasilien weiterhin sehr gern. Aber jetzt bin offen für ein drittes Land, und wenn es vom Enthusiasmus meiner Familie abhängt, werden wir schon bald die Koffer packen, um für eine Zeit nach Fernost zu gehen.

Carlos Alberto Azevedo

Ein Schriftsteller zwischen zwei Welten hat die Pflicht, in seinen Büchern die Problematik eines zerissenen »Ichs« anzusprechen, einer gespaltenen Identität. Ich habe das in meinem letzten Roman »*Mein Name ist Niemand*« getan, dessen Protagonist, ein Deutsch-Brasilianer, der nach Deutschland kommt, um Germanistik zu studieren, eine tiefe Identitätskrise durchlebt. Da er keine Aufenthaltsgenehmigung erhält, geht er in den Untergrund, fängt an zu trinken und wird kriminell. Um zu überleben, nimmt er alle möglichen Jobs an, zieht von Berlin nach Hamburg, läßt sich mit anderen »*Outlaws*« ein, arbeitet mit falschen Papieren und flüchtet mehrmals vor der Polizei. Am Ende des Buches ist er ganz unten. Er weiß, daß er so schnell wie möglich aus Deutschland raus muß, aber wohin? Nach Brasilien will er nicht zurück, weil er Angst hat, noch tiefer zu sinken. Der Roman hat ein offenes Ende, man weiß nicht, wo er landet...
J. Niemand, ce n'est pas moi. Meine »Abenteuer« in Deutschland waren anderer Art. Aber ich muß gestehen, daß auch ich eine tiefe Identitätskrise durchlaufen habe. Die Symptome? Wie soll ich es erklären? Genauso gut könntest du mich nach einer Definition von Wahnsinn fragen. Lach nicht, es war wirklich ernst, ich war am Rande des Wahnsinns und irgendwie vollkommen verloren. Nein, der Grund dafür waren nicht die Umstände, unter denen ich aus Brasilien weggegangen bin, die übrigens verhängnisvoll genug waren, um jeden Mann aus der Bahn zu werfen. Stell dir vor: härteste Verfolgung seitens der Militärs, zwei polizeiliche Untersuchungen im Nacken, eine wegen Verwicklung in Studentenproteste, eine wegen angeblicher Verteilung kubanischer Fi-

beln politischen Inhalts. Da ich unmöglich länger in meiner Heimatstadt João Pessoa bleiben konnte, flüchtete ich nach Recife, wo mich niemand kannte und ich infolgedessen mühelos Arbeit am Instituto Joaquim Nabuco für Sozialforschung fand, erst als Praktikant und später in der Forschung. Das war jedoch eine nicht ganz ungefährliche Position, da das Institut ein öffentliches Organ war und ich jeden Augenblick entdeckt und festgenommen werden konnte. Es blieben mir also das innere Exil oder, als radikalere Lösung, die Flucht ins Ausland.

Der Wahnsinn... wie macht er sich breit? Der Mensch wird, ohne es zu merken, von einem dichten Nebel umgeben, er verliert seine Bezugspunkte und die Orientierung... Eigentlich wäre es übertrieben, meine Verwirrung in Deutschland als Wahnsinn zu bezeichnen. Es war eine Wolke von Angst, die sich über mir ausgebreitet hatte, Unsicherheit, Werteverlust, ein graues Durcheinander von Gedanken. Ich schwöre dir, ich wollte, so tief es ging, in dieses Land eintauchen, mich mit den Gepflogenheiten identifizieren, die Mentalität verstehen, ein richtiger Deutscher werden. Und genau das tat ich: ich tauchte tief ein, schoß über den Horizont hinaus... bis ich irgendwann meine eigene Kultur verleugnete. Bevor du die Alte Welt eroberst, wirst du dreimal die Neue verleugnen. Von wem stammt das? Ist das von irgend jemand? Ich weiß es nicht. Ich weiß nur, daß ich Brasilien aus meinem Leben verbannte und sogar aus der Literatur! Nichts von dem, was ich anfangs schrieb, hatte auch nur in irgendeiner Weise mit Brasilien zu tun.

Aber nicht nur mir ging es so. Ich saß mit anderen Ausländern zusammen in diesem Narrenschiff. Wir nährten gegenseitig unsere Angst und schürten unsere Paranoia. Ich erinnere mich, wie eine Freundin von mir mich eines Tages aus lauter Angst und Hilflosigkeit anbrüllte: »Carlos, ich halte es nicht mehr aus, aus dem Fenster zu gucken, wenn ich draußen die Deutschen sehe, will ich nie wieder einen Fuß

vor die Tür setzen!« Derart tief steckte die Angst in uns...
Trotz all dem inneren Durcheinander gelang es uns, einen gewissen Grad an Normalität im Alltag zu bewahren. Wir lernten, der Angst aus dem Weg zu gehen. Irgendwie nisteten wir uns in den Zwischenräumen der Gesellschaft ein und befreiten uns von der Unsicherheit. Ich begann eine Promotion in Literatursoziologie, die ich nicht beendete, weil der Wille nicht ausreichte. Aber er reichte aus, und tut es noch heute, um meine Bücher zu schreiben. Die Literatur befreit, ohne Zweifel. Sie verändert. Nach »*Mein Name ist Niemand*« fühle ich mich in Frieden mit mir. Ich habe meine Werte und viele Elemente meiner Kultur wiedergefunden, obwohl ich tief in mir drin eine gespaltene Persönlichkeit geblieben bin, was ich vor allem merkte, als ich nach dreiundzwanzig Jahren zurück nach João Pessoa kam, wo ich aus Angst vor der Verfolgung durch die Polizei weggegangen war. Die Zeitungen der Stadt lobten mich und meine Bücher, bemerkten aber, daß ich nicht mehr wie die anderen Paraibaner war. Einer der wichtigsten Artikel trug den vielsagenden Titel: »*Der ewige Fremde*«. So schwer ist es zurückzukehren! Da hilft kein noch so guter Willen, selbst in meinem eigenen Land, dessen Veränderungen ich nicht verfolgt und dessen Weg ich verlassen habe, werde ich ein Fremder bleiben. Ich kann lediglich meine Freunde danach fragen, was ich verpaßt habe...
Aber ich bin überall ein Fremder. Auch hier, nach unzähligen Jahren, in denen ich deutsche Bücher und Zeitungen gelesen habe, mit Deutschen befreundet bin und die deutsche Sprache spreche. Ich kann mich noch so anstrengen und werde doch nie das Wesen dieser Kultur erfassen. Ich muß mich mit der Oberfläche zufrieden geben. Auch werde ich niemals in dieser Sprache schreiben können, denn schreiben ist wie lieben – wir erreichen den Höhepunkt im Ausdruck der Gefühle nur, wenn wir es in unserer Muttersprache tun.

Also, für immer ein Fremder. Aber in Frieden mit mir, so weit es möglich ist in einem gepeinigten Dasein. Ich habe keinen festen Job, arbeite seit zwanzig Jahren als Freier. Na und? Ich habe immer in der Gegenwart gelebt. Nie habe ich mir Sorgen um das Alter oder den Tod gemacht, ich habe keine Rentenversicherung gezahlt und werde wahrscheinlich noch mit hundert arbeiten, solange ich nicht in Brasilien als Subversiver in Rente gehe! Ich habe sogar schon einen Prozeß in João Pessoa eingeleitet, entweder, sie nehmen mich wieder in der Schule auf, wo sie mich im Mai 1964 rausgeworfen haben, oder ich gehe nie in Rente! Ha, ha, ha... heute lache ich nur noch über all das. Wer keine Arbeit und andere Annehmlichkeiten hat, der braucht auch keine Angst zu haben, sie zu verlieren, und wir Brasilianer sind ja Meister darin, mit einer unsicheren Situation fertig zu werden. Sollte ich krank werden, dann wird mich jemand ins Krankenhaus bringen, wir sind ja nicht in Indien, wo die Menschen an jeder Ecke vor sich hin faulen. Und wenn ich sterben muß, dann sterbe ich eben. Ehrlich, darum mache ich mir keine Sorgen, meine einzige Angst ist es, im Kopf alt zu werden, aber da sehe ich keine Gefahr, ich bereite schon mein nächstes Werk vor, einen komischen Roman über Cabral und Konsorten, wir werden einiges zu lachen haben, denn das ist es, was uns bleibt, jeder möge über sich und alle anderen lachen, über die Mißstände unserer Geschichte, denn die Angst läßt sich nur mit Lebensfreude bezwingen, nur mit Humor können wir den Schrecken überlisten.

João Machado*

»Und das ist nicht einfach eine weitere Geschichte. Das ist verdammt noch mal nicht einfach nur eine weitere Geschichte. Wir sind von den noch wunderbaren Stränden von Boa Viagem in das vergammelte Brás in São Paulo gezogen, ich sag es noch einmal. Ich sage noch einmal, wir haben also die Landschaft verlassen, die ein Meer ist, um stattdessen mit dem Blick auf die Rückseite eines Hotels in Brás zu treffen...«

Marilene Felinto

Du kannst ruhig schon mal die Atmosphäre hier einfangen... Scheiße noch mal, wo hab ich das Feuerzeug gelassen? Ich werde mir ein neues kaufen müssen, sonst gibt es heute abend kein Licht... Also, wie ich noch vor kurzem sagte, du mußt dieses Buch radikaler machen, du mußt richtig schonungslos rein in das Leben der Brasilianer Deutschlands! So was schreiben wie *´Ganz unten´* von Günther Wallraff. Du interviewst immer nur Intellektuelle, Akademiker, die »Integrierten«... du dachtest wohl auch, ich wäre einer von denen, mit Monatsgehalt und eigener Wohnung? Du siehst ja, wie ich lebe: ich schlafe auf dem Fußboden, in einem kleinen Apartment, ohne Strom, »fast wie ein Penner, ein Lump, wenn ich nicht täglich die Klamotten wechselte und meine kalte Dusche und die Intensität meiner schriftstellerischen Arbeit hätte«.
Ein gefestigter Brasilianer, der seinen Beruf ausübt, ist selten in diesen Breiten... wenn es passiert, dann im allgemeinen, weil er bereits die deutsche Identität übernommen hat und von ihr und ihrer hegemonischen Kraft übernommen wurde... Was man hier eher zu sehen bekommt, sind Brasilianer, die in der Patsche sitzen, in einer wirklich furchtbaren Situa-

* Name geändert

tion... Leute, die dem Drama eines vor Hunger sterbenden Volkes entkommen sind, mit dem Fallschirm über Europa abgesprungen sind und einzig und allein das Stigma der Armut und die Illusion mitbringen, ein bißchen Geld zu verdienen, einen Europäer zu heiraten und ihren Lebensstandard zu verbessern. Und was findet die Mehrheit von ihnen vor? Nichts als Hindernisse, unglaublich schwere Hindernisse einer verschlossenen Gesellschaft, die Ausländer diskriminiert und marginalisiert. Ein einziges Elend, mit dem sie aber immer noch zufrieden sind, denn was immer auch hier mit ihnen geschieht, es ist besser als das brutale Elend und der Mangel an Würde eines Landes ohne Ethik wie Brasilien. Nein, von Integration in Deutschland kann keine Rede sein. Von Verlustkompensation dagegen ja. Wie oft hört man nicht einen Brasilianer sagen: »Es fehlt mir an so vielem, damit ich mich hier zu Hause fühlen kann, aber wenigstens kann ich meinen Kindern eine gute Ausbildung ermöglichen...«. Fernab von Brasilien und ohne im neuen Land Wurzeln zu fassen, wird er Opfer eines Entwurzelungsprozeßes, aus dem es oftmals kein Zurück gibt...

So ist es mir ergangen. In der ersten Zeit in Deutschland habe ich unaufhörlich davon geträumt, nach Brasilien zurückzugehen. Nach all diesen Jahren kommt dieser Wunsch kaum noch zum Vorschein. Was nicht bedeutet, daß ich hierbleiben will. Die wenigen Male, an denen mich Brasilien noch ruft, höre ich nicht den Gesang der Sirenen, sondern einen Aufschrei des Schreckens. Ich weiß, daß ich, wenn ich zurückkehre, unter der Brücke lande. Wie soll man in diesem Land überleben? Vorbereitungskurse in Geschichte für das Vestibular* geben, so wie früher? Unmöglich... meine Kenntnisse sind völlig überholt, wahrscheinlich müßte ich eine Umschulung machen, und ich weiß nicht einmal, ob es dort so etwas gibt. Ich glaube kaum.

In Deutschland habe ich einen graduellen beruflichen Rückschritt erlebt, sowohl was den finanziellen Aspekt angeht,

* Zulassung zur Hochschule, Anm. d. Ü.

als auch das Qualifikationsniveau. In São Paulo habe ich Vorbereitungskurse für das Vestibular gegeben, ein akzeptables Gehalt bekommen, ich mußte nicht viel arbeiten und hatte Zeit zum Lesen. Hier geriet mein bescheidenes intellektuelles Gepäck richtig in Gefahr ... An der Universität in München, wo ich mich gleich eingeschrieben hatte, wurde ich nicht gerade animiert, mein Philosphiestudium abzuschließen. Es war nicht nur das Problem mit der Sprache, sondern auch die Stellung als Außenseiter und die Konkurrenz. Die Deutschen sind sehr ehrgeizig, und wenn sie dich außer Gefecht setzen können, dann tun sie es. Wenn sie dir Steine in den Weg legen können, dann tun sie das auch. Wenn sie dich umbringen können, bringen sie dich um. Das habe ich von Anfang an bemerkt...

Glaubt bloß nicht, mein Leben in München sei besser als das in Brasilien... Ich befinde mich in einer üblen Lage. Ich werde dir Schritt für Schritt erzählen, wie es zu diesem beklagenswerten Zustand kommen konnte, aber zuerst gehen wir zur Universität. Ich will dir den Computerraum zeigen, wo ich meine Bücher schreibe...

—

Ist das nicht toll? Ich muß keinen Pfennig dafür zahlen, daß ich die Computer benutzen darf. Das sind die Vorteile von Deutschland... aber erzähl mir mehr von deinem Buch. Wann kommt es raus? Hast du auch vor, Artikel über das Thema zu schreiben? Warum verfaßt du nicht etwas, basierend auf dieser Schilderung, für irgendeine Zeitung in meiner Heimatstadt Mangue Seco? Ja, ich bin auch aus dem Nordosten, wir sind Landsleute. Kennst du Mangue Seco, an der Grenze zwischen Bahia und Sergipe? Wunderschöne Dünen, nicht? Da habe ich meine frühe Kindheit verbracht.

Ich wurde in einem elenden Loch zwischen dem Meer und einem Sternenhimmel im Frühling geboren. Ich war das zweite Kind, hervorgegangen aus der Vergewaltigung einer

Minderjährigen. Meine ältere Schwester kam mit einer körperlichen Behinderung zur Welt, wahrscheinlich die Konsequenz einer traumatischen Schwangerschaft meiner Mutter. Wenn es nach meiner Oma gegangen wäre, hätte ich abgetrieben werden sollen, aber meine Mutter ließ sich nicht umstimmen. Später erzählte sie mir, wie nachts die Ratten an die Wiege kamen, in der ich schlief und mir am Kopf rumknabberten. Ist das vielleicht der Grund für meinen frühzeitigen Haarausfall?
Schon als kleiner Junge floh ich aus der Enge dieser kleinen Hütte und schlug mich in den Wald, frei wie ein Vogel. Morgens früh bin ich los und hab Cashewnüsse und *Pitangas* gepflückt, und nachmittags spülte ich mir beim Baden den Staub von den Fußsohlen, spielte mit Freunden Fußball und redete mit den Fischern.
Ich wohnte bei meiner Oma bis ich sechs Jahre alt war, dann kam mich meine Mutter holen, die nach São Paulo gegangen war, um sich dort als Schneiderin durchzuschlagen. So eine Scheiße! Aus einer Fischerkolonie im Nordosten in den Keller eines Hochhauses in São Paulo, ein Irrenhaus vollgestopft mit Leuten aus dem Nordosten, aus dem Inland São Paulos und mit Italienern! Diesen blauen Himmel gegen Rauchwolken eintauschen, die endlose Weite des Meeres gegen die Enge der Großstadt. Das fiel mir weiß Gott nicht leicht...
Mit viel Kühnheit habe ich mir meine Freiheit bewahrt. Zu Hause war meine Kindheit eine Katastrophe, aber sobald ich konnte, war ich auf der Straße und stürzte mich ins Spielen. Ich ließ mit meinen Freunden Drachen steigen, organisierte Fahrradrennen und spielte den ganzen Tag Fußball... Ich versuchte, das Leben so aufregend wie möglich zu gestalten. Eines Tages wollte meine Mutter mit mir in ein weiter weg gelegenes Viertel ziehen. Ich habe mit dem Fuß auf den Boden gestampft und gesagt, ich würde nicht mitkommen. Ich blieb allein in São Paulo, ein kleiner Mann von zwölf Jahren, ging zur Schule, arbeitete in einer Käsefabrik und in der Frei-

zeit spielte ich. Vielleicht wurde mir meine Einsamkeit deswegen nicht bewußt. Das Fehlen meiner Mutter, mit der ich irgendwie instinktiv in Verbindung stand, vergaß ich bei dem ganzen Rummel, wenn ich mit meinen Freunden beim Drachensteigen, beim Fahrradfahren und beim Fußballspielen lachte. Aber irgendwann kommt immer der Tag, an dem selbst ein tapferer Junge mit seinen Verletzlichkeiten konfrontiert wird. Meine tauchten während eines Fußballspiels auf, als mich ein Freund bei einem Ballwechsel voll am Schienbein erwischte. Hinkend, allein, verletzt und am Ende, kehrte ich heim.
Scheiße, den Typ, der da heulend ins Bad ging, den kenn ich doch. Was ist da bloß passiert? Ich schau mal nach... bleib hier, wir reden später weiter...

—

Seine Großmutter war gestorben. Es bricht mir das Herz, diesen Jungen so verzweifelt zu sehen, ich hab ihn sehr gern, er ist ein wahrer Freund. Wo waren wir noch stehengeblieben? Bei meiner Einsamkeit? Bei meiner Freiheit? Also, ich war kein Straßenkind, so wie die, die man in Fernsehdokumentationen sieht, ich ging zur Schule und arbeitete, ganz zu schweigen davon, daß ich trotz meiner Faszination für die Straße sehr früh großen Gefallen am Lesen fand. Ich verbrachte Stunden vertieft in die Geschichte Brasiliens, soziologische Abhandlungen, das Werk Dostojewskis und anderer ausländischer Schriftsteller. Ich war kein Musterschüler, aber ich las ziemlich viel, eignete mir einiges an Wissen an und so fiel es mir nicht schwer, ein Stipendium für einen unbezahlbaren Vorbereitungskurs für das Vestibular zu ergattern! Ich machte meinen Abschluß in Philosophie und gab nach kurzer Zeit an der Universität bereits selbst Kurse.
Na sowas, jetzt merke ich es erst: wir haben noch gar nicht von der Liebe gesprochen! Noch nicht mal von Leidenschaft, dieser merkwürdigsten Ideologie aller Ideologien, die wir

täglich schlucken. Ach, es ist ja auch schon so lange her, ich könnte auch behaupten, ich hätte vergessen, wie diese Leidenschaft begonnen hat. Es ist so lange her, daß dieses Mädchen... Ja, ich weiß, du brennst darauf, intimere Einzelheiten über die Einleitung zu dieser Romanze zu erfahren. Glaub ja nicht, daß ich deine voyeuristischen Triebe jetzt befriedigen werde. Wir kommen direkt zur Geschichte, ohne »Vorspiele«.
Ich verliebte mich in ein Mädchen deutscher Abstammung, zog mit ihr zusammen und hatte eine Tochter mit ihr. Es dauerte nicht lange, bis wir uns nur noch stritten. Und als wenn die Hölle zu Hause nicht reichte, war es auch noch die Zeit der Militärs in Brasilien. Ich habe ein paar Erinnerungen an diese Zeit in diesen Text gerettet, willst du mal reingucken?

»Es war die Zeit, in der die Studentenbewegung am Eskalieren war. Immer wieder hörten wir von jemandem, der von Verrätern unter den Studenten denunziert wurde und in den Kellern der Diktatur verschwunden war. Ich habe mich nie direkt an den Protesten beteiligt, nicht nur, weil ich mich nicht für die revolutionären Ideale begeistern konnte, sondern auch, weil ich aus Liebe nicht wußte, wo mir der Kopf stand. Ich verhielt mich wie ein Idiot gegenüber meiner schwangeren Frau, die, sobald sie konnte, vor meiner Gefühlsperversität aus Brasilien flüchtete. Ich kann nicht erklären, wie ich so herunterkommen konnte, es ging soweit, daß ich sie mitten in der Nacht in Deutschland anrief, sie bedrohte und verzweifelt anflehte. Mein schlimmes Benehmen und der stete Druck widerten sie an und hatten den gegenteiligen Effekt, als ich mir erhofft hatte: nämlich sie zurückzugewinnen. Völlig unüberlegt sammelte ich meine Ersparnisse zusammen und machte mich auf die Suche nach ihr. Eigentlich nicht nur, um bei ihr zu sein, sondern auch, um aus Brasilien rauszukommen. Ich war die Repression satt und

träumte davon, es in Europa zu schaffen, berühmt zu sein, frei, Frauen – vor allem Frauen«.
Was sagt mir das, hm? Ja, meine Liebe, der Hund liegt noch tiefer begraben – es gibt Dinge, die sagt man einfach nicht in einem Interview, das dürftest du schon gemerkt haben. Aber zurück zum Thema, läuft das Band?
Ich kam nach Deutschland und irgendwie, ich weiß auch nicht wie, bin ich bei ihr eingezogen. Die ersten beiden Jahre hier, zusammen mit meiner Frau, waren furchtbar. Es war ein einziger Wahnsinn, unlösbare Konflikte, exzessive Diskussionen... Schließlich nach vielen Tränen und gegenseitigen Schuldzuweisungen die unumgängliche Trennung. Ich könnte dein Buch mit dem Elend meines langen Ehedramas füllen, aber wozu? Es gibt schon genug Leute auf der Welt, die sich ausschließlich mit ihren »Beziehungskisten« beschäftigen. Das Schlimmste an allem war, meine Tochter zu verlieren. Ich habe meine Tochter verloren!!! Nachdem ich gegangen war, hielt meine Ex-Frau systematisch meine Anrufe und Briefe von meiner Tochter ab. Damit noch nicht genug, verbot sie ihr, zu Hause portugiesisch zu sprechen und verwehrte ihr jedweden Umgang mit den Brasilianern in München. Trotzdem sprach ich einige Male mit ihr am Telefon, aber sie begegnete mir mit unverhohlener Aggressivität. Ich durchlebte schockierende Situationen, Szenen wie aus einem amerikanischen TV-Drama. Eine blieb mir besonders in Erinnerung. Meine Tochter, schon ein Teenager, die total aufgewühlt ans Telefon geht und mich anbrüllt und fragt, was ich überhaupt sei, ob ich weiß, schwarz oder Mulatte sei, was zum Teufel noch mal ich eigentlich sei... Ich war am Boden zerstört. Ich war mir nicht sicher, ob ihre Mutter ihr diese Art von Verhalten beigebracht hatte, oder ob es die Frucht ihres Milieus und der Erziehung war, die sie von der Familie und der Schule erhielt. Und da ich mit meiner Ex-Frau so gut wie gar nicht rede, ist es mir unmöglich, den Grund herauszubekommen. Gut, es wird in dieser Geschichte diverse Variablen

geben, ich bin auch kein Engel, ich weiß nur, daß ich meine Tochter liebe und immer bereit bin, die Bande neu zu knüpfen. Es tut mir unheimlich weh, an ihre Kälte zu denken, und an die Gleichgültigkeit: »Du warst mal ein guter Vater, aber heute bist du nichts als ein Fremder«.
Wollen wir eine Pause machen? Du bist auch müde, oder?

–

Dachtest du, es wäre leicht, mein Leben zu rekonstruieren? Wie das? Die Erinnerung überrascht uns immer wieder, sie macht uns etwas vor. Wahrscheinlich habe ich ein paar chronologische Fehler gemacht, hier und da etwas ausgelassen, und bestimmte Passagen vertauscht. Trotzdem habe ich nichts erzählt, was nicht stimmt. Laß uns weitermachen, bevor wir den Anschluß verlieren.
Nach der Trennung und dem häßlichen »Drum und Dran« ging ich zurück nach Brasilien. Erste Erkenntnis: Die Vergangenheit läßt sich nicht zurückbringen. Ich war zu lange raus, um weiter meine Kurse zu geben und so blieben mir als Brot-Erwerb nur ein paar Stunden in einer staatlichen Schule in einem abseits gelegenen Stadtteil von São Paulo. Ich verdiente wenig und plagte mich mit einem miserablen Bildungssystem ab, das innovative Methoden weder verstand noch billigte. Ich probierte eine andere Didaktik aus und die Schulleitung sah das nicht gern. Wir hätten uns fast geprügelt... Ich hielt die beschissene Bürokratie nicht mehr aus, diese Unflexibilität! Und dann lernte ich im Goethe-Institut eine andere Deutsche kennen, eine Lehrerin aus München, die in Brasilien zu Besuch war, um einige Vorträge zu halten. Wir fuhren die Küste von Rio entlang, verbrachten ein paar Tage an einem bezaubernden Strand und... sie lud mich ein, nach Deutschland zurückzukommen. Ich war sofort einverstanden. Ich kam nach München und nahm mein Leben von vorher wieder auf: das Philosophiestudium an der Universität, das ich, wie schon gesagt, aus völligem Mangel an Mo-

tivation nie abgeschlossen hatte, kleine Studentenjobs. Allmählich erschien die Literatur in meinem Leben wie eine NOTWENDIGKEIT – ich mußte schreiben! Es war absolut notwendig! Ich intensivierte meine Jonglierkünste, indem ich versuchte, ein Gleichgewicht zwischen Jobs und Schreiben zu finden... Ich jobbte ein, zwei Monate, schaffte etwas Kohle ran, schrieb und jobbte wieder... Und so versuche ich bis heute, über die Runden zu kommen und schaffe es kaum, die Miete für ein Apartment in einem Hinterhof in einem Ausländerviertel zu zahlen.
Das Buch, das du gelesen hast, und das nie veröffentlicht wurde, habe ich vor etwa fünf Jahren begonnen, damals wohnte ich schon in dieser Wohnung, mit Kerzenlicht. Wie du siehst, ist es eine sehr ernsthafte Kritik am Nazismus, an der konservativen deutschen Politik der Kohlära, dem Nichtvorhandensein politischer Rechte für Ausländer. Gleichzeitig scheint eine profunde Bewunderung für Willy Brandt durch. Ich weiß, die Deutschen sehen es für gewöhnlich nicht gern, wenn ein Ausländer sich in die Politik ihres Landes einmischt. Sie gestehen und geißeln sich lieber selbst. Aber da ich hier lebe – und keine andere Möglichkeit sehe, meinem Unmut Ausdruck zu verleihen – muß ich meine Meinung zur Geschichte und Politik Deutschlands und der leidvollen Beziehung zwischen Deutschen und Ausländern sagen können.

—

Sei es durch die Literatur, sei es im »wahren Leben«, eine ständige Reflexion über das Dasein des Ausländers läßt sich nicht vermeiden. Jeden Tag, jede Stunde, werde ich gezwungen, mich selbst als Ausländer zu betrachten. Folgende Szene: Ich lerne einen Deutschen kennen. Wie bei fast allen zufälligen Treffen mit Deutschen, stößt er die unvermeidbaren Fragen aus: »Woher kommen Sie? Was machen Sie hier? Was hat Sie nach Deutschland verschlagen? Haben Sie vor, in Ihr

Land zurückzukehren?« Verdammt noch mal! Solange nicht eine Beziehung von Dauer zustande kommt, muß man diesen Mist ertragen. Zehn, hundert, tausend Mal dasselbe Gerede, in den niedersten Varianten...
Schnitt. Andere Situation. Ich nähere mich einer wunderschönen deutschen Frau, einer Göttin, und versuche ein Gespräch anzufangen. An ihrem unfreundlichen Gesichtsausdruck sehe ich sofort, was sie denkt: »Scheiße, ein Ausländer, bestimmt einer von denen, die heiraten wollen wegen des Visums«. Die Frau drückt auf sämtliche Alarmknöpfe und es ist aus mit dem Flirt. Oder sie ist so eine, die an den Mythos vom *Latin Lover* glaubt und die angeblich intensivere und genußvollere Sinnlichkeit auskosten will. So ein Quatsch! Ein Deutscher ist genauso gut im Bett wie ein Brasilianer. Oder vielleicht sogar besser, weil er mehr Geld hat!!!
Ermüdende Szenen sind das, die in jedem noch so banalen Spielfilm mit dem Titel »AUSLÄNDER IN DEUTSCHLAND« vorkommen könnten. Ein langweiliger Film, weil schon unzählige Male gesehen, über uns, die wir an der Oberfläche leben, nicht aktiv an einem kollektiven Prozeß teilnehmen und keinerlei Einfluß auf die politischen, wirtschaftlichen und sozialen Entscheidungen in diesem Land haben. Wir, ungeachtet derer Veränderungen vorgenommen werden, wir, die jeden Moment ausgeschlossen werden können, wir, deren individuelle Erfüllung keinerlei Echo findet. Nur ganz, ganz wenigen von uns – vielleicht dem einen oder anderen Künstler – gelingt ein Eindringen in die Gesellschaft, nur wenige finden Gehör für das, was sie sagen, singen oder brüllen... Wir, wir, WIR! Wer wir? Antworte mir, wer? Unsichtbare Wesen, isoliert, in Abgeschlossenheit. Wesen mit gespaltener Identität, verzweifelt auf der Suche nach einer Identität.
Puh... ich bin es leid... Kann das nicht mal anders sein, kann man diese Szenen, die ich jeden Tag in den Bars, auf den Straßen, in den brasilianischen Restaurants und Konzerten,

zu Hause bei meinen Freunden und bei den Nachbarn zu sehen bekomme, nicht austauschen? Die ich immer noch sehe, auch wenn ich mich im Computerraum einschließe, wo ich stundenlang schreibe, ohne zu wissen, ob es einen finanziellen Effekt hat oder überhaupt irgendeine Art von Anerkennung findet. Ich hier, du da, wer WIR? Jeder für sich und Gott für niemanden, was am Ende eines jeden Tages dieses armseligen Daseins übrigbleibt, ist, durch die Bars zu laufen, meine Texte von Hand zu Hand zu verkaufen und einen Teil des Unterhalts für meinen zweijährigen Sohn zusammenzustottern. Ach, mein Sohn! Nur du, nur du!, mein geliebter Kleinster, durchbrichst dieses Alleinsein, bist der Ausgleich für diesen traurigen Kampf. Ich will dich nicht verlieren, mein Sohn, du wunderbare Frucht einer weiteren unvollkommenen Liebe, ich will dich nicht verlieren, so wie ich mein Mädchen verloren habe. Dein Papa verspricht dir, alles mögliche zu tun, um an deiner Seite zu sein und eine unbegrenzte Aufenthaltsgenehmigung in Deutschland zu bekommen, denn das Studentenvisum von deinem Papa ist schon seit Jahrzehnten abgelaufen... ich weiß, ich rede griechisch oder chinesisch mit dir, kein deutsch, das du verstehst, aber was weißt du schon von Bürokratie, Grenzen und Ausländerpolizei, mein Kleiner? Dein Papa hat sich auf die Vaterschaft berufen, um hier an deiner Seite bleiben zu dürfen, mit einer Arbeitserlaubnis, nicht nur für eine begrenzte Stundenzahl, wie man es den ausländischen Studenten »freundlicherweise gewährt«, sondern für uneingeschränkte Zeit, solange er Kraft und Mut hat zu arbeiten. Ach, mein Sohn, der du in einem so unerwarteten Moment kamst, dein Papa ist verzweifelt, wie ein Gefangener, der darauf wartet, frei zu kommen. Aber das ist ein langwieriger Prozeß, mein Junge. Es sieht so aus, als wollte mich die Obrigkeit mit Ermüdung besiegen. Was weißt du schon von Obrigkeit, abgesehen von Mutter und Vater? Aber es ist wichtig, daß ich dir das sage, es ist wichtig, daß du es weißt – ich will an deiner Seite bleiben, ich will, daß mein Beruf eines Schriftstellers offiziell anerkannt wird, ich will arbeiten, um dich zu ernähren, und ich will dich nach der Arbeit bei deiner Mutter abholen. Dein Papa will ein ganz normaler Bürger sein, das ist absolut notwendig!

Cláudia Ferreira*

Ich habe in Brasilien gar nicht viel erzählt, damit die Leute nicht erst große Augen machten. Sollten sie ruhig alle denken, daß mein Leben in Deutschland der reinste Horror war, während es in Wirklichkeit toll war. Es war wie im Märchen. Ich wollte eigentlich nur drei Monate bei meinem Cousin wohnen, der schon länger hier lebte, und schließlich wurden es zehn Jahre. Paulo hatte damals eine Rockgruppe und bekam eine Menge Einladungen zu Konzerten und brauchte deswegen einen Manager. Als er mich bat, den Posten zu übernehmen, war ich völlig aus dem Häuschen: Ich sollte 10% der Einnahmen bekommen und auch noch mit der Gruppe durch die Welt reisen.
Die Arbeit war toll. Ich verkaufte die Shows und kümmerte mich um die Organisation der Touren. Von den Komissionen, die ausgesprochen gut waren, mietete ich mir eine anständige Wohnung und kaufte mir ein Auto. Es war eine großartige Zeit. Ich kam durch die ganze Welt, lernte viel und war völlig unabhängig, ich verabschiedete mich von meinem Leben als BWL-Studentin, von Mama und Papa und meinem bürgerlichen Leben (Mann, meine Nase juckt so schrecklich!).
Es war eine faszinierende Erfahrung: Die Leute, die bei der Gruppe mitspielten, waren verschiedener Nationalität. Ich hatte nicht einmal das Gefühl, daß wir uns in Deutschland befanden, die Insel, auf der wir lebten, hätte sonstwo auf der Welt sein können. Wahrscheinlich habe ich es deswegen solange hier ausgehalten. Wenn ich in einer Bank oder einer Arztpraxis hätte arbeiten müssen, also etwas ganz Normales, und jeden Tag mit Deutschen aus X. zu tun gehabt hätte, die

* Name geändert

die schlimmste Mentalität in diesem Land besitzen, hätte ich es nicht ertragen. Sie sind so verschlossen, immer so ernst und befremdlich... Und ich bin die typische Brasilianerin, braun, kurliges schwarzes Haar, extrovertiert und gut gelaunt. Ein exotischer Typ für die Deutschen. Ob sie mich deswegen auf der Straße immer so böse ansahen? Ich habe nie provozieren wollen, mit Minirock oder etwas Durchsichtigem, nichts dergleichen. Aber sie sahen mich so seltsam an, daß ich automatisch den Kopf senkte, um sie nicht ansehen zu müssen, damit ich mich nicht die ganze Zeit fragen mußte, warum zum Kuckuck sie sich so benahmen. Wahrscheinlich hatten sie Angst...

Über meine Arbeit hatte ich Gelegenheit, Leute aus allen möglichen Schichten in Deutschland kennenzulernen, aber richtig wohl fühlte ich mich nur unter den Künstlern, die Zigeuner waren wie ich und so offen, daß es die Mentalität eines jeden Landes überschritt.

Meine Liebhaber waren alle Künstler (bitte schick mir niemand normal bürgerlichen, sonst dreh ich ihm den Hals um und setz ihn unter dieses Rohr, wo der Qualm da rauskommt...). Als ich ankam, hatte ich erstmal zwei Jahre lang einen Schauspieler, danach anderthalb Jahre einen Sänger, danach... (ich brauche immer einen Zeitraum von mindestens einem Jahr, um meine Gefühle an den Tag zu legen)... danach war ich zwei Jahre mit einem Designer zusammen, danach mit einem Bildhauer aus Hamburg, mit dem ich jetzt seit mehr oder weniger dreieinhalb Jahren mal mehr, mal weniger zusammen bin. Nur Künstler. Und alles Deutsche! Ah, nein, excuse me, ich war auch mit einem belgischen Tänzer zusammen, wie konnte ich das vergessen? Aber es hat nicht lange gehalten, Tänzer sind gut für einmal und dann nie wieder, es ist besser, wenn sie mit ihrem Narzismus allein bleiben... Das ist wirklich nicht zum aushalten!

Es war eine tolle Zeit, die mir viel gebracht hat, ich wußte, wo ich hingehörte und ich hatte wunderbare Liebhaber.

Aber nach neun Jahren – jetzt fängt die Krise an, okay? – also, nach neun Jahren hat Paulo beschlossen, die Gruppe zu verlassen. Mir wurde klar, daß auch ich meinem Leben eine neue Richtung geben mußte, denn ohne ihn wollte ich auf keinen Fall in X. bleiben. Eigentlich wußte ich die ganze Zeit, daß ich nicht nach Deutschland passe. Ich bin ein offenherziger Mensch und die Deutschen sind so kalt, es fehlt ihnen diese bestimmte Energie, die von innen kommt, und irgendwann ist man diese Kälte leid, weil sogar die eigene Batterie ausgeht. Ich hatte immer schon die Idee gehabt, nach Brasilien zurückzugehen und dort eine Konzertagentur aufzumachen, schließlich hatte ich bei meiner Arbeit inzwischen alles gelernt und erreicht, was ich erreichen wollte, und ich hatte auch keinen Deutschen geheiratet... Aber ich hatte schreckliche Angst, wieder mit diesem surrealen Land in Verbindung zu kommen. Hier hatte ich ein geregeltes Einkommen, Krankenversicherung und alles. Warum sollte ich das alles aufgeben und in São Paulo von Kultur leben wollen? Das war doch verrückt. Aber als Paulo mir mitteilte, daß er die Gruppe verlassen wollte, sah ich keine Möglichkeit mehr, die Rückkehr hinauszuschieben. Ich sah mich gezwungen, einen Schritt zu wagen, den ich längst hätte tun müssen.
Ich verbrachte den Urlaub in São Paulo. Ich traf einen Freund, der zufällig auch seinen Job aufgeben und etwas Neues anfangen wollte. Wir beschlossen, die Agentur gemeinsam aufzumachen.
Meine deutschen Freunde waren völlig überrascht von meiner Entscheidung, in Brasilien bei Null anfangen zu wollen. Weißt du, die Deutschen sind sehr bequem und ängstlich, sie haben ein großes Bedürfnis nach Sicherheit. Du kannst dir nicht vorstellen, wie sie reagierten, als ich ihnen von meinen Plänen erzählte: »Wie kannst du nur? Du bist schon über 40 und willst so ein Wagnis eingehen?«
Ich habe keine andere Wahl, meine Lieben. Ich ging zurück

nach São Paulo, machte mit meinem Partner die Firma auf, ackerte wie ein Blöde und bestätigte damit die Vorhersagen meiner Astrologin: »Bereite dich gut vor, denn jetzt wird es hart für dich werden!«
Mein Ziel ist es, europäische Gruppen nach Brasilien zu holen und andersrum. Ich bin sehr zuversichtlich, daß es klappt (es muß, denn sonst gehe ich zurück nach Deutschland und putze Fenster!): In den letzen Jahren sind die Bedingungen für die Kunst in unserem Land besser geworden. Abgesehen davon sind die Deutschen verrückt nach allem, was aus Brasilien kommt! Ich rede von C wie Caipirinha, M wie Mulatinnen und S wie Sonne, da stehen sie drauf! Und natürlich auf unsere Musik.
Übrigens, ein wichtiger Aspekt, wegen dem ich immer zurück nach Brasilien wollte, war die Kunst, die hier einen Sättigungspunkt erreicht hat. Es gibt eine Krise der Ideen in allen Bereichen, in der Musik, im Ballett, in der bildenden Kunst, im Theater, in der Oper. Sie versuchen zwar immer, etwas Neues zu machen, aber sie schaffen es nicht, weil sie schon alles gemacht haben. Also suchen sie einen Ausweg in der Rückkehr zur Einfachheit und versuchen, sich von der ganzen intellektuellen Masturbation zu befreien. Weil nämlich der Orgasmus vieler europäischer Künstler nur darin besteht, irgend etwas Kompliziertes auf die Bühne zu bringen. Ich liebe Künstler, ich bin der Meinung, sie sollten richtig aufgehen in ihren Ideen, aber, eh, ich meine, guck dir das an. Man muß auch ein bißchen *feeling* haben, das darf keine reine Kopfgeburt sein (jetzt weiß ich, warum meine Nase so juckt, ich hab da ein riesiges Haar drin...)!
Das deutsche Publikum ist vom Überdruß infiziert. Wenn man den Luxus hat, jeden Tag zwischen tausenden von Veranstaltungen und Ausstellungen auswählen zu können, kann man sich am Ende für gar nichts mehr begeistern. Alle sind *ennuyiert*. In Brasilien ist der Enthusiasmus der Künstler und auch des Publikums noch ungebrochen, die Leute er-

greifen Partei, entweder es gefällt ihnen oder es gefällt ihnen nicht, so ein Publikum findet man sonst nirgends.
Diese Begeisterung ist das, was mein Leben in Brasilien ausmacht, ansonsten war es alles andere als leicht für mich. Ich mußte mein Auto verkaufen, zurück zu meiner Familie ziehen und bin wegen der Krankenversicherung wieder von meinem Vater abhängig. Was mich gerettet hat, waren die ganzen kleinen Gelder der tausenden von Versicherungen, die ich hier abgeschlossen hatte. Und ich warte noch darauf, daß die deutschen Behörden meine Rente freigeben, was sie erst tun werden, wenn ich mein Visum abgegeben habe.
Brasilien ist ein unberechenbares Land. Jede Sekunde müssen wir uns neue Überlebensstrategien ausdenken. Wir müssen mit einem Mangel an Respekt und an Bildung leben, mit den Wirtschaftspaketen der Regierung und mit der Gewalt. Wenn man aus dem Haus geht, weiß man nicht, ob man lebend zurückkommt. Das ist grotesk, aber es ist die Realität!
In Deutschland verlief mein Leben in ruhigen Bahnen, ich lebte ziemlich abgehoben – die Stille, diese graue Kälte, alles so ordentlich, ich hatte das Gefühl, zum Zombi zu werden. In São Paulo dagegen wache ich auf und tanze Samba. Der Lärm von der Kinderkrippe nebenan, der Hund, das Hausmädchen, der Verkehr, sktum burumbundum, wo bin ich? Die Sonne scheint brutal herein und ruft: »Guten Morgen, meine Liebe, aufstehen«, und schon kommt der Orangensaft, Gymnastik, der Chauffeur, der Einbrecher...
Ja, ganz genau, wo wir schon mal beim Einbrecher sind, an dem Tag, als ich zurück nach Deutschland fliegen wollte, um meine letzten Sachen abzuholen, wurde meine Familie überfallen. Morgens um halb neun, ob du es glaubst oder nicht, kamen ein paar bewaffnete Jungs bei uns rein, als mein Vater, meine Mutter und meine Schwester gerade beim Frühstück saßen. Ich war bei der Maniküre. Als ich zurückkam, lief ich im Eßzimmer direkt einem bewaffneten Mann in die Arme. Mädchen, Mädchen, da wurde mir bewußt, was für

ein gutes Leben ich in Deutschland geführt hatte! Es dauerte eine Ewigkeit, bis ich merkte, was los war, schließlich war ich mir immer sicher gewesen, daß uns so etwas nicht passieren würde, unser Heiliger ist doch so stark! Ich sah den Mann an, sah die Waffe an und dachte: »Nein, das ist nicht mein Film. Was soll das, ich bin doch in Deutschland, hier gibt es keine Überfälle!« Die Einbrecher, die kein Deutschland kannten, brauchten zweieinhalb Stunden, genügend Zeit um das Haus leer zu räumen, und... brachten mich ins Bad. Einer von ihnen wollte mich nackt sehen. Ich habe solche Angst bekommen. Verdammt, kannst du dir das vorstellen, ich würde Opfer einer...einer Vergewaltigung sein? Ich zitterte wie Espenlaub. In so einem Augenblick ist man so verzweifelt, da fällt einem alles Mögliche ein, und ich dachte mir, na gut, ich schneide ein paar expressionistische Grimassen, wie beim Tanztheater und dann sage ich, dass ich AIDS habe. Ich zog das ganze Gesicht in Falten, wie eine alte Frau, ich sah aus wie eine magersüchtige Tänzerin von Pina Bausch. Der Einbrecher wußte nicht mehr, was los war, ob ich eine Frau oder ein Stück Holz war, und da Brasilianer gern Fleisch mögen, verzichtete er darauf, mich zu vernaschen. Gott sei Dank ging alles noch mal gut aus, ohne Drama, ohne Blut und ohne Sperma. Am Ende freundete ich mich sogar mit den Einbrechern an. Da sie viel Zeug zu tragen hatten, sagte ich dem Chauffeur, er solle sie fahren und bat sie höflich, ihn mitsamt dem Wagen zurückzuschicken. Die Banditen waren dankbar, hielten ihr Versprechen und ließen mir ausrichten: »Ey, danke, ey, Sie haben uns sehr geholfen, und was weiß ich«. Wir wurden Freunde.

Später fragte mich der Chauffeur auf dem Weg zum Flughafen: »Wollen Sie wirklich hierher zurückkommen? Das sind doch alles Verrückte hier...«. Ich antwortete: »Edivaldo, gib mir fünf Minuten Bedenkzeit«. Er hatte wirklich recht. Was hatte ich da eigentlich vor? Mein Flug ging in zwei Stunden, ich hatte immer noch die Chance, in Deutschland zu bleiben und als Zombi in Frieden weiterzuleben. Aber als wir beim Galeão ankamen, und der Fahrer das Gepäck auslud, sagte ich zu ihm: »Sieh mal, Edivaldo, ich lie-be diesen Dreck, ich ver-eh-re das Chaos, ich ver-göt-te-re Überfälle. In genau einem Monat kannst du mich hier abholen und zwar mit einem Haufen Gepäck und dann werde ich für immer hierbleiben, klar?«

Washington Silva*

»Ein guter Capoeira-Kämpfer fällt nicht und wenn er fällt, dann fällt er weich« — *Vinícius de Moraes*

»In den Himmel kommt, wer es verdient hat, Auf Erden zählt, wer etwas hat...« — *unbekannter Autor*

In Rio de Janeiro kennen mich alle als Santa Cruz. Santa Cruz ist einer, der überall ist, nicht wirklich, aber in den Köpfen der Leute. Santa Cruz ist immer da, wenn jemand Hilfe braucht, aber er bekommt auch immer etwas dafür. Santa Cruz ist ein kleiner Gauner.
Der Name kommt von dem Viertel, in dem ich gewohnt habe. Ich bin dort zur Schule gegangen und habe dort meine kleinen Jobs gehabt und ein bißchen Geld mit nach Hause gebracht. Nach der mittleren Reife ging ich zum Militär und war vier Jahre bei der Luftwaffe. Als Collor Präsident wurde, nahm er Kürzungen im Verwaltungsbereich vor, und ich wurde arbeitslos und wußte nicht, was ich machen sollte. Wie sollte ich die Grundpfeiler der Militärlaufbahn – Disziplin und Hierarchie – im zivilen Leben anwenden, in einer Stadt, in der einer den anderen auffrißt? Ich fühlte mich ziemlich verloren, bis mir einfiel, daß es etwas gab, in dem ich Meister war, was ich aber seit Jahren nicht praktiziert hatte: Capoeira.
Ich ging in die Südzone, wo die Leute sehr viel mehr verdienten, und lehrte in Kindergärten Capoeira. Und da Capoeira auch unter brasilianischer Folklore läuft, fing ich an, in Shows zu arbeiten. Ich mußte tanzen lernen. Ich bekam Kontakt zu Tänzern, lernte Leute kennen, machte mir den

* Name geändert

einen zum Freund, eine andere zur Geliebten, schlich mich allmählich ein und suchte mir mein Plätzchen. Ich ergaunerte mir Sportstunden an der Universität (ich hatte zwar keine Hochschulzulassung, aber eine Freundin, die an der Gama Filho studierte). Mit einem bißchen Glück hier und dort, während ich immer versuchte, an die richtigen Stellen zu gelangen, wurde ich schließlich eingeladen, in Spanien aufzutreten und danach in Miami. Als ich zurück nach Brasilien kam, war ich wieder arbeitslos.

Ich kehrte zur Capoeira und in mein Viertel zurück. Weißt du, Santa Cruz ist ein Schlangenmeer - und die Kunst ist, das verseuchte Wasser zu durchqueren, ohne gebissen zu werden. Du kannst dir keine Schwächen erlauben, du mußt immer aufpassen, immer auf die »Bewegung«, die Bande der Drogenhändler, achten. Viele junge Leute im Viertel lassen sich mit ihnen ein, weil sie sich denken: »Wenn ich bei der 'Bewegung' mitmache, muß ich nicht zum Militär, ich gehöre dazu, bin bewaffnet, bin dies, bin das, hab Geld, hab Frauen, was will ich mehr? Bevor mich jemand kriegt, war ich lange genug oben. Sterben, sterben tut jeder mal«. So machen sie sich die Sache schmackhaft.

Es gelang mir, mit den Drogenhändlern zu leben, ohne mitzumachen, weil ich die Technik des »Gespenstes« anwandte: mittendrin zu sein und von allen gesehen zu werden, ohne mich mit jemandem anzulegen. Alle wußten, daß ich Capoeira machte, niemand rührte mich an. Die Gangster kamen zu mir und wollten Capoeira lernen, um es gegen die Polizei anzuwenden und ich mußte es ihnen beibringen, weißt du warum? Weil, wenn nicht, hätten sie mich und meine Familie umgelegt, und der Staat hätte mir nicht im geringsten geholfen... In Santa Cruz sterben so viele, manchmal ruft meine Mutter an und sagt, die Jungs in deinem Alter sind nicht mehr am Leben.

Dank der Capoeira wurde ich von den Männern respektiert und von den Frauen begehrt. Ich mochte immer schon gerne weiße, blonde Frauen, die in der Südzone wohnten und Geld hatten. Ich hatte keinen Centavo, aber ich konnte Capoeira, das gefiel ihnen und ich hatte meine angeborene Schönheit und meine anrüchige, leicht durchtriebene Art. Also, die, die Gefallen an mir fanden, die habe ich mir geschnappt, die Blonden, die ganz Hübschen.

Und so beschloß ich, Zuhälter zu werden.

Wo ich schon mal die Möglichkeit hatte, durch die Capoeira einigermaßen leicht mit den Frauen zusammenzukommen, warum nicht im Nachtleben arbeiten? Ich ging zu einem Hurenhaus. Ich hatte so eine Art, besonders charmant zu den Huren zu sein. Ich war charmant zu einer, dann zur nächsten, zu noch einer...am Ende hatte ich sechs Frauen. Für ihren Geliebten tun sie alles! Weißt du, wenn eine Frau Prostituierte wird, dann ist sie wie ein elfjähriges Mädchen. Sie verkauft so vielen Männern Liebe, daß sie einen braucht, der ihr Vater ist. Mit dem Zuhälter kann sie einen Orgasmus haben, sich als Frau fühlen, sich als Kind fühlen. Aber sie zahlt einen sehr hohen Preis für diesen Schutz...

Ich hatte alles, was ich wollte: eine Wohnung, Fitneßstudio, Beziehungen. Ein tolles Leben.

Das ging eine Zeitlang so, aber dann warf ich alles hin und wurde wieder arm. Warum ich das schöne Leben aufgegeben habe? Weil es irgendwann keinen Spaß mehr macht. Ich hatte das Bedürfnis, die Dinge aus eigener Kraft zu erreichen. Und damit wird die Geschichte komplizierter...

Ich machte mit der Capoeira und dem künstlerischen Leben weiter. Ich choreographierte für die Tanzgruppe einer Brasilianerin, die in Essen wohnte. Eines Tages sagte sie zu mir: »Ich nehme dich mit nach Deutschland«. Zu der Zeit brauchte ich Geld. »Nach Deutschland? Ich kann ja nicht mal Aua auf deutsch sagen«. Aber ich habe immer schnell gelernt und ich habe viel Lebensmut. Ich glaube, deswegen sitze ich auch jetzt hier vor dir und rede so ausführlich über einige Passagen aus meinem Leben. Ich habe keine Angst. Ich hoffe auf

Gottes Hilfe, wie im Kampf. Der andere Typ kämpft gut, hat einen schwarzen Gürtel in irgendwas, er hat eine gute Technik. Ich kämpfe ohne Regeln, aber ich finde immer einen Weg, ihm zu entwischen...und gewinne. Weil ich auf Gottes Hilfe vertraue.

Und deswegen, weil ich auf Gottes Hilfe vertraut habe, bin ich nach Deutschland gekommen.

Ich will nicht behaupten, daß ich gar keine Angst gehabt hätte. Ein bißchen schon. Ich hatte viele Nazifilme im Fernsehen gesehen und daraus geschlossen, daß einen die Leute im Land von Hitler ohne mit der Wimper zu zucken umlegen. Ich sagte zu meiner Mutter, der Armen, ängstlich wie sie war: »Mutter, ich habe Angst, aber ich werde trotzdem dort hingehen. Ich habe immer Glück gehabt und wenn etwas nicht klappen sollte, dann wird es der Heilige Antonius schon richten«.

Ich kam hier an mit dem unterschriebenen Vertrag einer Künstleragentur. Ich reise durch ganz Deutschland und mache Tanzshows, Striptease und Capoeira. Ich habe eine Arbeitserlaubnis und muß keine deutsche Frau heiraten. Das ist sehr gut, denn es gibt viele deutsche Frauen, die glauben, man wäre nur mit ihnen zusammen, weil man ein Visum braucht. Ich selbst bin deswegen mit einer Frau auseinandergegangen. Es ist wirklich schade, daß Ausländer keine doppelte Staatsangehörigkeit haben können, wenn das ginge, würde das die Mentalität einiger Damen ändern, die einen gerne mal erniedrigen, wenn man aufs Heiraten zu sprechen kommt. Ich habe meinen Vertrag, meine Unabhängigkeit, mein Geld. Ich verdiene keine Millionen, wie viele Brasilianer glauben, aber ich lebe gut. Ich haushalte gut und wenn ich so weitermache, bin ich finanziell abgesichert. Diese Chance hätte ich in Brasilien nicht gehabt.

Ich verdiene Geld, bin versichert und versuche mich geschickt anzustellen. Als ich herkam, habe ich sofort zugesehen, daß ich die Sprache lerne und mich an das Leben in

Deutschland anpasse. Natürlich kann man sich nie hundertprozentig anpassen, man fühlt sich nie richtig zu Hause. In ein anderes Land zu gehen, ist, wie neu geboren zu werden... und ich wußte auch nicht, daß es so viele neue Regeln geben würde... Aber als ich mir dessen bewußt wurde, versuchte ich, mir alles so gut wie möglich anzueignen, indem ich die Technik des Wassers anwandte. Weißt du, Wasser ist amorph, es nimmt die Form des Behälters an, in dem es aufbewahrt wird. Also lernte ich, wie das Wasser zu sein: Ich fügte mich allmählich überall hinein und bald...saß ich drin! Mal sehen, was ich noch alles erreiche. Alles zu seiner Zeit, bald kenne ich die Spielchen hier besser als das Verbrechertum in Rio de Janeiro. Ganz langsam lerne ich, mit den Köpfen der Deutschen zu spielen. Ich weiß, wie ich in meinen Shows das Publikum verführe, ich bringe sie dazu, mir aus der Hand zu fressen. Es sind fünfzehn Minuten voller Verrücktheit, fünfzehn Minuten voller Sinnlichkeit und Liebe. Am Ende stehe ich da mit ausgebreiteten Armen und lächle, wie die Christusstatue in Rio.

In der Straße, in der ich wohne, kennt jeder Washington, weil Washington ein Künstler ist, der in der Sporthalle auftritt und im Fernsehen. Viele haben große Achtung vor mir, sie kommen zu mir und sagen, »He, ich hab dich gestern in dieser einen Sendung gesehen«... Aber manche glauben auch, ich wäre ein Mafioso. Der Washington, der hat zuviel Freizeit, der kann nur ein Mafioso sein, so viel Geld wie der in der Tasche hat, wo der so wenig arbeitet... Sie wissen nicht, daß meine Arbeit mit Reisen verbunden ist, daß ich Tourneen durch Europa mache.

Es ist nichts als blanker Neid, aber ich weiß mir diesen Neid zunutze zu machen. Willst du ein Beispiel hören? Einmal ging ich in eine Bar, setzte mich, wählte das teuerste Getränk aus – du weißt ja, die Deutschen sind unheimliche Geizhälse, es fällt ihnen ziemlich schwer, zehn Mark auszugeben – ich wählte also das teuerste Getränk und bestellte dann noch viermal dasselbe. Der Besitzer der Bar dachte sich schon, Mann, das ist ja ein guter Kunde. Irgendwann wurde mir dann ziemlich heiß, wegen des Alkohols, ich riß mir also das Hemd auf, so, jetzt schinde ich mal ein bißchen Eindruck, wollen wir mal einen auf exotisch machen. Ich zog das Hemd aus, den Frauen liefen die Augen über... und dann ließ ich es drauf ankommen. Ich legte mein Handy und meine Brieftasche auf den Tresen und ging auf die Toilette. Da war ein Telefon und ich rief mein eigenes Handy an. Als ich zurückkam, meinten die Leute: »Eh, da hat jemand angerufen«. Und so kam ich mit den Leuten ins Gespräch und freundete mich mit ihnen an. Plötzlich waren sie mir gegenüber aufgeschlossen... aber warum? Weil ich nicht mehr irgendein Neger war, oder?

Und so, mein Freundchen, lernt man, am Ruder zu sein, die Lage zu überblicken und schnell zu handeln...zack. Ganz allmählich öffnen sich die Leute. Und so allmählich schließe ich Freundschaften und mache mich mit diesem mir fremden Land vertraut – auch wenn ich mich wohl niemals richtig zu Hause fühlen werde. Soll ich dir mal was sagen? Ich arbeite, zahl ordentlich meine Steuern, wie jeder Deutsche und sorge dafür, daß es mit der Wirtschaft in diesem Land voran geht. Aber ich habe nicht das Recht zu wählen! Warum nicht? Sie sagen, ich wäre ein Mitbürger... na also, dann müßte ich doch auch dieselben Rechte genießen und bei den Wahlen mitreden dürfen. Deswegen und auch aus anderen Gründen fühle ich mich in Deutschland nicht richtig wohl.

Ich vermisse ein paar Dinge, die ich in Rio gemacht habe, für die ich kein Geld brauchte, keine Papiere, kein nichts, einfach so...Wenn mich Heimweh überkommt, laufe ich einfach den ganzen Tag herum und träume, wie ein Kind. Ich gehe über die Brücke, laufe zum Kölner Dom und sehe mir die Lichter der Altstadt an, den Rhein... und dann stehe ich plötzlich am Rand von Leblon, von wo aus man den ganzen Strand von Rio sieht. Dann gehe ich weiter bis Rodenkir-

chen, wo es einen kleinen Sandstrand gibt...und ruhe mich ein bißchen in Itacuruçá aus. Ich gehe auf Reisen... Da vorne, da liegt das Viertel Méier, da Engenho de Dentro, und da hinten Gama Filho...
Aber das mit der Nostalgie geht vorüber. So richtig Sehnsucht habe ich nur nach meiner Mutter, meiner Familie und meinen Freunden. Natürlich mag ich Brasilien gern, das ist ja meine Heimat, nicht? Aber ich mag auch jedes Land, das mir etwas gibt. Ich will nicht wieder in Rio leben, es gibt dort eine Seite, die alles andere als wunderbar ist. Dieser Mangel an Respekt, die Kriminalität... es ist wie im Krieg! Meine arme Mutter, obwohl sie schon ganz krank vor Sehnsucht ist, hat sie doch verstanden, daß sie nicht länger auf mich zu warten braucht. Bei unserem letzten Telefonat habe ich zu ihr gesagt: »Mama, ich war lange Zeit beim Militär, und wie du weißt, muß man beim Militär pünktlich von zu Hause los, aber man ist nie pünktlich zurück...«

Dirceu de Jesus*

Dieses Brot zum Essen, diesen Boden zum Schlafen
Die Urkunde zur Geburt und die Erlaubnis zum Lachen
Daß man mich atmen läßt, daß ich auf der Welt sein darf
Gott vergelt's dir

Chico Buarque

Das Leben in Brasilien machte mir keinen Spaß. Ich arbeitete viel, verdiente wenig, ich war Kellner in einer Churrascaria von C.B., der immer nur irgendwo rumhing. Und obendrein hatte der Präsident der Republik Collor de Mello auch noch einen Teil meines Geldes einbehalten. Ich beschloß, dieses Leben an den Nagel zu hängen und ging in ein Reisebüro.

»In welchem Land läßt es sich zur Zeit am besten leben? Hier halte ich es nicht mehr aus.«

»Von denen, die ich kenne, Deutschland. Kennst du da jemanden?«

»Nein, niemanden.«

»Und willst du trotzdem hin, ohne einen Pfennig? Das wird nicht einfach werden, das sag ich dir gleich. Warum gehst du nicht nach Argentinien?«

»Doch nicht nach Argentinien. Argentinien ist doch gleich um die Ecke, ich will weit weg von diesem Mist hier. Von mir aus nach Japan.«

»Nein, lieber nicht. Dann gehst du besser nach Deutschland. Am Anfang wird es hart sein, du wirst dich ganz schön umgucken. Aber ich schätze, du kannst gut arbeiten. Wenn du die ersten sechs Monate überlebst, dann wird es dir gut gehen. Gute Reise.«

* Name geändert

Ich stieg ziemlich ängstlich ins Flugzeug. Aber die Neugierde, ein Land kennenzulernen, in dem es Häuserfassaden aus Gold gab und ein Müllmann fünfzigtausend Dollar im Jahr verdiente, war stärker als die Angst. Während ich ein Glas Wein trank, stellte ich mir vor, wie wohl die Menschen dort waren, und die Sprache, und die Straßen. Ob ich wohl jemanden treffen würde, den ich kannte? Wenn ich Glück habe und einen Brasilianer treffe, hänge ich mich an ihn und laß ihn nie wieder los.

–

Ich hatte kein Glück. Auf dem Flughafen in Frankfurt konnte ich kein bekanntes Gesicht sehen. Da ich nicht wußte, wo ich hin sollte, ging ich zum Informationsschalter. Ich bin in Deutschland, bin ich wirklich in Deutschland? Es kam mir vor, als würde ich noch fliegen, aber die sanfte Stimme der jungen Dame ließ mich im Nu wieder auf dem Boden landen.

»Kann ich Ihnen helfen?«

»Você fala português?«

»No, yo hablo español.«

»Não, você fala português.«

»No, usted habla español.«

»Não, você fala português.«

»No, usted habla español.«

»Okay, wir wollen nicht streiten, dann spreche ich eben spanisch. Ich komme gerade aus Brasilien und ich will in Deutschland arbeiten. Ich brauche einen Stempel in meinen Paß. Können Sie mir helfen?«

»Ah, brasileño. Und Sie wollen hier arbeiten? Aber sagen Sie das nicht der Polizei, Sie müssen illegal bleiben. So wie alle anderen auch.«

Da ich sah, daß es keine gute Idee war, nach einem Stempel zu fragen, beschloß ich, sie zu bitten, mir einen Job zu besor-

gen. Ihr hübsches, gleichmütiges Gesicht geriet in Aufruhr. »No, no, erst müssen Sie einen Platz zum Wohnen finden. Aber nicht hier in Frankfurt. Hier ist es zu gefährlich. Sie müssen in eine andere Stadt gehen, wo muchos brasileños leben. Die können Ihnen helfen.«
Auf einen Zettel schrieb sie »D. Hauptbahnhof«, brachte mich zum Gleis und setzte mich in einen Zug. Dann verabschiedete sie sich von mir mit einem schüchternen Händedruck.
»Gute Reise.«

–

Ich war fest davon überzeugt, daß D. Hauptbahnhof der Name eines Menschen war, den das Mädchen kannte und der mir helfen könnte. Erst später im Zug gab mir jemand zu verstehen, daß es eine Stadt war. Als ich auf dem Hauptbahnhof in D. ausstieg, war es schon spät. Ich fror, aber Gott sei Dank hatte ich etwas mehr als zweitausend Dollar in der Tasche.
Ich suchte mir ein Hotel in der Nähe vom Bahnhof. Der Mann an der Rezeption fragte, ob ich englisch spräche. »Nein, nur spanisch«, antwortete ich. Er sprach kein spanisch, aber ich gab ihm gleich einen Hundert-Dollar-Schein, den er einsteckte, ohne mir Wechselgeld herauszugeben.
Jeden Tag ging ich los, um mir eine Arbeit zu suchen. Ich fragte die Leute auf der Straße, ob sie etwas wüßten, aber keiner verstand etwas von dem, was ich sagte.
Ich hatte mir angewöhnt, in einen Bus zu steigen, an der Endstation auszusteigen und herumzulaufen. Danach fuhr ich dann mit derselben Linie dieselbe Strecke zurück. Einmal verlief ich mich. Ich lief einige Stunden lang, bis ich an einer Autowerkstatt stehen blieb, wo ein Haufen dunkelhäutiger Leute arbeiteten. Sie sahen aus wie Brasilianer. Ich ging hinein und sagte Guten Tag. »Hallo, wie geht´s?« Die Leute sa-

hen mich verwundert an, ohne zu antworten. Wollten sie mich ärgern? »He, ich bin Brasilianer, wie ihr, könnt ihr mir vielleicht mal helfen?!« Keine Reaktion. Auf einmal kam einer von ihnen näher und murmelte irgend etwas in einer merkwürdigen Sprache. Ich merkte, daß ich mich geirrt hatte. Langsam erklärte ich:
»Ich bin aus Brasilien.«
»Brasilien?! Ah, Pelé! Romário!«
»Ja, genau, Pelé, Romário, Dirceu. Kennst du Dirceu de Jesus? Das bin ich, angenehm«. Die Leute, die mir inzwischen sehr viel freundlicher gesinnt waren, luden mich ein, mit ihnen zu essen. Es waren Araber. Nach der Mahlzeit baten sie mich, ein Auto zu putzen. Ich tat es und meine Arbeit gefiel ihnen. Ein paar Tage später arbeitete ich in der Werkstatt.

—

Der Besitzer der Werkstatt holte mich jeden Tag im Hotel ab. Ich half den Mechanikern, die Autos zu waschen und zu polieren, ich baute Motoren aus, räumte auf und kochte. Ich arbeitete von sieben Uhr früh bis Mitternacht. Der Chef sah, daß ich mich anstrengte, gewann Vertrauen zu mir und sagte mir eines Tages, ich solle in die Werkstatt ziehen, wie herrlich! Ich kam zurück ins Hotel, um meine Sachen zu holen. Nach der ganzen Zeit dachte ich, mein Geld wäre für die Zimmermiete draufgegangen. Aber der Deutsche an der Rezeption rechnete alles ordentlich ab und gab mir einen großen Teil der Dollar wieder. Er hatte die hundert am Tag meiner Ankunft nur genommen, weil er nicht wußte, wie lange ich bleiben würde. Ich war total glücklich und beeindruckt von soviel Ehrlichkeit.

—

In der Werkstatt schlief ich auf einem Bett, das ich auf dem Müll gefunden hatte. Nachts war es furchtbar kalt. Der Araber gab mir ein paar Decken, aber mit Heizung war nichts:
»Zu teuer«, entschuldigte er sich.

»Macht nichts«, antwortete ich. »Gib mir einfach ein paar Zeitungen und ich komm schon zurecht.«
Ich schlief in irgendwelche Boulevardblätter eingewickelt. Ein paar Gesellschaftskolumnen um die Socken, Tourismusreportagen auf der Brust, Wirtschaftsmeldungen auf dem Bauch und um den Hintern politische Skandale. Als der Araber mich das erste mal so sah, wie eine Kirchenmaus eingewickelt in diesen Haufen Papier, machte er sich fast in die Hosen vor Lachen. Ich merkte zwar, daß er Mitleid mit mir hatte, aber er wollte es nicht zeigen. Er blieb hart:
»Du wirst es noch schaffen in Deutschland.«
Ich lernte eine Mischung aus arabisch und deutsch, eine Melange aus Tabuleh und Sauerkraut, und war davon überzeugt, deutsch zu sprechen. Manchmal baten mich die Mechaniker auf arabisch um einen Schraubenschlüssel und ich verstand sie nicht. Dann wiederholten sie die Bitte auf deutsch und ich ging und holte den Schlüssel. Oder das Gegenteil war der Fall. Aber im allgemeinen lief die Verständigung gut und sie mochten mich.
Morgens machten die Araber meistens finstere Gesichter, als hätten sie schlecht geschlafen und die ganze Nacht an ihre Verwandten und Freunde gedacht, die im Krieg im Libanon gefallen waren.
Sie begrüßten mich mit ernster Stimme: »Salamaleikum«. Ich hatte das Tablett mit dem dampfenden Kaffee in der Hand und küßte einen nach dem anderen, wie es bei ihnen der Brauch ist: »Na komm schon, was macht ihr für ein trauriges Gesicht? Laßt uns singen, so ist das Leben. Euer Land hat Krieg, meins nicht, aber ich bin allein hier, ihr seid jetzt meine Familie. Laßt uns singen.«
Und dann stieg ich auf den Tisch, legte einen Striptease hin und brachte die Moslems völlig aus der Fassung... Im Libanon zieht sich anscheinend keiner in der Öffentlichkeit aus, aber da ich Brasilianer war, durfte ich das, und sie lachten sich kaputt über meine verrückte Art.

—

Ich arbeitete von Sonntag bis Sonntag. Es war sehr anstrengend, aber ich dachte mir, deswegen bin ich hier, ich lerne schließlich eine Menge. Eines Tages finde ich etwas Besseres, denn ich trage Gott in meinem Herzen und ich weiß, daß er mich hört.

–

Es war kalt, Kerzenlicht, es duftete nach Zimt, überall waren Menschen auf den Straßen. Es war Weihnachten. Seit fast einem Jahr hatte ich nicht mit meiner Familie gesprochen, weil ich nicht wußte, wie man ins Ausland telefonierte. Meine Eltern waren bestimmt ganz verzweifelt, daheim in Brasilien.
Weihnachten war für mich ein ganz normaler Arbeitstag. Die Araber hatten ein Fest organisiert und ich kümmerte mich um das Churrasco und die Cocktails und deckte den Tisch. Ich war so allein, getrennt von diesem dunklen Volk, das nicht meines war. Die vom schmierigen Öl befreiten Mechaniker redeten mit ihren Freunden, manche Männer waren richtig elegant mit Anzug und Krawatte, und ich arbeitete wie ein Idiot und starb fast vor Kummer, so ganz allein ohne meine Familie. Ich trank eine Caipirinha, hoppla, mir wurde ganz warm, ich trank noch eine, ich fühlte mich immer besser, aber ich war auch wütend, weil, hey, es war immerhin Weihnachten, alle amüsierten sich und ich rackerte mich ab, ich hör auf zu arbeiten, ich bin doch nicht deren Sklave! Ich hörte auf. Ich kletterte auf einen Tisch und brüllte: »He, ihr da, seht mich an, kommt, wir singen, laßt uns tanzen, los!« Es sah aus, als wäre ich durchgedreht, aber es war nur Sehnsucht. Alle hielten inne und sahen mich an und ich wackelte mit den Hüften und sang, »Alte schwarze Frau, ich erzähl Euch eine Geschichte, alte schwarze Frau, du hast gesagt, wir werden verreisen, auf geflügelten Pferden galoppieren, auf das Wunderland schauen«... Ich sang den ganzen Samba, und danach noch einen, und noch einen, und am Ende tanz-

ten alle und riefen durcheinander. Es war, als machte ich eine Show auf einem öffentlichen Platz, für zehn Millionen Wahnsinnige.
An jenem Abend fühlte ich mich wie ein König. Wie ein kleiner Ronaldo.

–

He, Dirceu, kommst du mit in die Disco? Wir, drei Araber und ein Brasilianer, gingen in einen spitzenmäßigen Nachtclub. Ich trank ein paar Whisky, aß etwas, spielte am Geldautomaten und verlor fast 200 Mark. Als die Rechnung kam, war das Entsetzen groß: mein Geld reichte nicht. Einer der Araber half mir aus.
Da wurde mir zum ersten Mal klar, wie wenig ich verdiente. Bis dahin waren mir 500 Mark wie ein Vermögen vorgekommen. Am nächsten Tag ging ich zu meinem Chef.
»Ich brauche eine Gehaltserhöhung.«
»Hm, anscheinend kannst du dich ja schon sehr gewählt ausdrücken, du kannst sogar schon nach Gehaltserhöhung fragen.«
Er willigte nicht ein und argumentierte wie ein Basarhändler.
»Du kannst ja ganz gut sprechen, aber noch nicht gut genug. Du mußt noch lernen, die beiden Sprachen auseinanderzuhalten. Erst dann bekommst du eine Gehaltserhöhung.«
Das verstand ich nicht. Wie sollte ich die beiden Sprachen auseinanderhalten, wenn ich nicht einmal wußte, welches welche war? Das war unmöglich, genau wie das Leben, das ich führte. Ich beschloß, erstmal mit den 500 weiterzumachen und zu sehen, wie es weiterging. Wir Brasilianer sind ja mit so wenig zufrieden.

Nach ungefähr einem Jahr hatte sich mein Leben schon verbessert. Ich hatte noch keine Aufenthaltsgenehmigung und arbeitete immer noch wie ein Sklave in den Pyramiden, aber mein Gehalt war erhöht worden. Und ich schaffte es endlich, mit meinen Eltern zu telefonieren.

»Das Leben hier ist hart, Vater. Man kann nicht einfach ankommen und arbeiten. Man muß erst eine schwierige Sprache lernen und eine Aufenthaltsgenehmigung bekommen. Aber es geht mir gut, und so Gott will, werde ich bald in geregelten Verhältnissen leben.«

»Geht es dir wirklich gut, mein Sohn?«

»Ja, Vater, mach dir keine Sorgen. Wenn ich könnte, würde ich sogar alle 160 Millionen Brasilianer mal für ein Jahr nach Deutschland holen. Man lernt einiges hier.«

»Willst du auch bestimmt nicht zurückkommen, Dirceu? Es ist doch so kalt da... «

»Nein, Vater. Es hat mich so viel gekostet, dort hinzukommen, wo ich jetzt bin, so schnell komm ich nicht zurück.«

–

Ich habe die sechs Monate überlebt, ein Jahr, zwei Jahre, jetzt sind es mehr als vier Jahre und ich bin immer noch in Deutschland. Aus der Werkstatt bin ich weggegangen und jetzt arbeite ich als Barmann in einem brasilianischen Restaurant in D. Meine Lebenssituation ist geregelt, ich verdiene genug, um meine Miete zu zahlen und in Ruhe zu leben. Außerdem habe ich noch Zeit gefunden, zusammen mit anderen Brasilianern eine Sambaschule zu gründen, die, so Gott will, nächstes Jahr offiziell die Genehmigung bekommt, beim Karnevalsumzug mitzumachen. Im Moment haben wir noch keine Erlaubnis, aber wir machen es trotzdem. Wir gehen ganz am Ende, hinter den Müllwagen. Wir kennen ein paar Polizisten, die mit Brasilianerinnen verheiratet sind und die Samba lieben, und die, wenn unsere Truppe kommt, eine Kette bilden und brüllen, »Immer rein, kommt rein.« Bestimmt machen wir noch genau so einen Umzug wie in Rio de Janeiro, mit Mulatas, Allegoriebildern und allem, was wir wollen und worauf wir ein Recht haben.

Ich bin den Arabern sehr dankbar für alles, was sie für mich getan haben, denn ohne sie hätte ich mich in Deutschland nicht halten können. Gestern erst habe ich ihren Vater auf der Straße getroffen und mich nochmal bei ihm bedankt. Er lachte und sagte: »Junge, hörst du nie auf, dich bei uns zu bedanken?«

Nein, ich höre nie auf. Denn jetzt weiß ich, wie gut die Zeit in der Werkstatt für mich war. Ich habe viel geschimpft und manchmal wollte ich alles stehen und liegen lassen und zurück nach Brasilien gehen. Aber es hat sich gelohnt. Heute sehe ich viele Brasilianer, die hierherkommen und nur mit anderen Brasilianern zusammenhängen, ohne die Sprache und das Land zu verstehen, und überhaupt nicht vorankommen. Ich habe deutsch gelernt, mir mein Leben aufgebaut und hoffe, bald mein eigenes Restaurant aufzumachen. Ein Ort, an dem Brasilianer, Araber, Deutsche, Türken und Menschen aller Nationalitäten zusammenkommen und Feijoada essen, Caipirinha trinken, tanzen und sich kaputtlachen. Und die Traurigkeit kann gleich zu Hause bleiben...

Virgínia Koch

Es war nicht aus Geldmangel, daß ich Anfang der achtziger Jahre aus Brasilien wegging. Ich lebte gut, ich war Grundschullehrerin und besserte mein Einkommen nebenbei als Verkäuferin in der Schulkantine auf. Was ich verdiente, deckte meine Ausgaben ab, ich wollte nie hoch hinaus. Mein höchstes Ziel war das Wissen, in dieser Hinsicht widersprach ich meinem Vater, einem ignoranten Bauunternehmer, der die Ansicht vertrat, Frauen bräuchten keine Ausbildung. Seine Eltern waren Bahianer und er war in der Wildnis groß geworden und hatte eine schroffe Erziehung genossen. Seiner Meinung nach hatten die Männer das absolute Sagen. Die Frauen sollten lieber den Mund halten, zu Hause auf die Kinder aufpassen und das Essen kochen. Und die Kinder mußten von klein an auf dem Acker schuften.

Mit sieben Jahren jätete ich bereits Unkraut in den Kaffeeplantagen in Paraná. Wenn ich von einer Schlange gebissen wurde, machte mein Vater mit dem Messer einen groben Schnitt in die Wunde, drückte das Blut heraus, legte ein paar Kräuter darauf und zwang mich, zurück zur Pflanzung zu gehen. Meine Mutter hatte schreckliches Mitleid mit mir, aber sie wagte es nicht, die Stimme gegen ihn zu erheben.

Dieser ignorante Mann ruinierte die Familie durch das Glücksspiel, wodurch wir gezwungen waren, nach São Paulo zu gehen, wo ich Arbeit als Haushälterin bei reichen Leuten fand. Anfangs wohnte ich in einem herrschaftlichen Haus im Jardim Paulista, einem Reichenviertel. Die Hausherrin schlug mich häufig, wenn ich auch nur das Geringste falsch machte, zog sie mich am Ohr oder versetzte mir einen Schlag auf den Kopf... Zum Glück arbeitete ich danach bei einer wunderbaren italienischen Dame, die ihre Tochter bat, mir lesen und schreiben beizubringen. Mit zwölf Jahren nahm ich zum ersten Mal einen Stift in die Hand. Sie versuchte auch, mich in die Schule zu stecken, aber ich war zu alt für die erste Klasse. Ich lernte also lesen und schreiben bei der MOBRAL, in einem Kurs für Erwachsene, den ich abends besuchen konnte. An den freien Sonntagen verschlang ich die Bibliothek der Tochter der Hausherrin. Als ich genug gelernt hatte, machte ich meinen Abschluß und wurde Lehrerin.

Wie gesagt, ich lebte gut, Geld war nie das Problem. Aber mich bedrückte ein schrecklicher Minderwertigkeitskomplex. In Brasilien werden so viele Witze und Bemerkungen über die Häßlichkeit der Schwarzen gemacht, daß man am Ende selbst daran glaubt. »Guck mal, die kleine häßliche Negerin! Was für grobes Haar sie hat! Und die platte Nase, sieht aus wie eine Kartoffel«. Diese Angriffe machten mich krank. Ich fand mich schrecklich, meine Haut war voller Warzen und Pickel, das Haar wie Stahlwolle. Ich schloß mich in einen Kokon ein und entwickelte eine unvorstellbare Schüchternheit gegenüber Männern! Ich fand natürlich keinen Mann, wie sollte mich auch jemand mögen, wenn ich mich selbst nicht im Spiegel ansehen konnte? In diesem Leidenszustand ging ich zur Schuldirektorin und sagte:

»Suchen Sie bitte eine neue Lehrerin für meine Stelle, ich will nach Deutschland gehen.«

»Nach Deutschland?« Ihr fiel fast die Brille von der Stirn. »Warum gleich nach Deutschland?«

»Weiß ich auch nicht. Vielleicht wegen der Musik, ich höre so gern klassische Musik...«

»Ach, Virgínia, du bist nur etwas müde, nimm ein bißchen Urlaub, fahr nach Rio.«

»Ich brauche keinen Urlaub. Mein Problem ist emotionaler Art. Ich muß aus Brasilien weggehen«. Und damit war das Thema beendet.

Kurze Zeit später kam ich mit 300 Dollar in der Tasche in Frankfurt an, ohne Rückfahrtticket und ohne irgendeine Anlaufstelle in Deutschland. Ich fuhr mit der Rolltreppe runter zur Bahnhofsstation, ohne zu wissen, wo ich hinsollte. Ich machte die Augen zu und stieg in den erstbesten Zug.
Dann kam der Schaffner und fragte nach meinem Ticket. Ich verstand kein Wort und schüttelte nur den Kopf. Er holte ungeduldig einen Fahrschein raus, zu irgendeinem Preis, in irgendeine Stadt, von der ich nicht einmal wußte, wo sie lag.
Mir gegenüber saß ein Afrikaner, der die ganze Zeit zu mir rübersah und lächelte oder irgendwelche Handzeichen gab. Ich lächelte zurück und ich schätze, der Mann muß gedacht haben, ich hätte Interesse an ihm, denn, sobald der Platz neben mir frei wurde, setzte er sich dorthin. Ich schlug gutgelaunt das Wörterbuch auf und stammelte auf englisch, daß ich gerade aus Brasilien käme und einen Ort zum Wohnen suche.
»Ah, dann komm doch mit zu mir!«, antwortete er, »Ich finde schon etwas für dich«. Ich landete also in Neuss, in einem riesigen Haus voller Afrikaner, die alle laut in einer merkwürdigen Sprache redeten. Mein Reisebegleiter brachte mich in ein Zimmer, in dem ich wohnen konnte. Ich packte meine Sachen aus, zog mich um und legte mich schlafen.
Als ich fast eingeschlafen war, kam plötzlich ein Haufen Männer ins Zimmer. Es waren ungefähr zehn. Meine Gegenwart muß eine unwiderstehliche Neuigkeit in dieser Männerumgebung dargestellt haben, denn alle zwölf waren sehr erregt und versuchten, mich zu packen. Ich lief schreiend hinaus:
»Ihr versteht überhaupt nichts!! Ich will nur schlafen, laßt mich in Frieden!«
Erst sehr viel später erfuhr ich, daß die sexhungrigen Männer Asylbewerber aus Westafrika waren. Das Haus war ihre Unterkunft.

Mein Freund, der mir zu Hilfe gekommen war, beruhigte die anderen und ich konnte die Nacht ungestört verbringen, obwohl ich vor Unruhe kaum ein Auge zubekam. Am nächsten Tag nahm er mich mit in die Stadt und stellte mich diversen Leuten vor. Eine Frau, die auch aus Afrika kam und sehr freundlich war, bot mir an, ein paar Tage bei ihr zu wohnen und mir zu helfen, eine Arbeit zu finden. Dank ihrer Hilfe bekam ich sofort einen Job als Putzfrau in einem Möbelgeschäft. Es kam mir überhaupt nicht in den Sinn, daß ich vielleicht eine Arbeitserlaubnis brauchte!
Danach zog ich zu einer Iranerin nach Düsseldorf. Ich stand jeden Morgen um fünf Uhr auf, um zur Arbeit zu fahren. Mein Chef, ein sehr unangenehmer Mensch, hatte mir versprochen, wenn ich das Erdgeschoß inklusive beider Toiletten in zwei Stunden schaffte, bekäme ich hundert Mark mehr. Ich war also in aller Herrgottsfrühe da, schuftete wie eine Blöde, und als ich fertig war, war ich mehr tot als lebendig. Aber ich dankte Gott, daß ich mich überhaupt über Wasser halten konnte.
Ein Jahr später war ich schon einen Schritt weiter, ich hatte zwei Jobs und verdiente 1200 Mark im Monat. Ich beklagte mich nicht darüber, zu wenig zu verdienen, ich war nie sehr ehrgeizig gewesen. Mein Problem war nicht das Geld, es war meine Schüchternheit und dieser verdammte Minderwertigkeitskomplex. Ich fand einfach keinen Mann, denn hier sind es die Frauen, die die Männer erobern und das konnte ich nun wirklich nicht! Ich habe immer viel geredet, aber flirten, nein! Unsicher wie ich war, hatte ich Angst, aufgrund meiner Hautfarbe zurückgewiesen zu werden, ich rechnete schließlich in Deutschland mit mehr Rassismus als in Brasilien. Zu meiner großen Überraschung wurde ich nicht im geringsten diskriminiert. Im Gegenteil. In den Bars und Diskotheken, in die ich mit meinen schwarzen Freundinnen ging, zogen wir die Aufmerksamkeit aller Menschen auf uns, allein, weil wir anders waren. Da fragte ich mich natürlich: Was läuft in Bra-

silien falsch, wenn die Rassendiskriminierung grausamer ist als in Deutschland, obwohl dort viel mehr Menschen dunkelhäutig sind? Ich bin nicht blöd, ich weiß, daß es auch hier Rassismus gibt, aber nicht in dem beschämenden Maße wie in Brasilien.

In anderen europäischen Länder, die ich später bereiste, traf ich nicht auf soviel Toleranz. Nachdem ich ein Jahr in London gelebt hatte, wo ich in einem afrikanischen Frisiersalon arbeitete, versuchte ich mich als Friseusin in Frankreich, Italien und Belgien, aber ich hielt den Rassismus nicht aus und kehrte niedergeschlagen zurück nach Deutschland. Es war einfach zu schlimm, verstehst du?

Von hier ging ich nach Nigeria, wo ich drei Jahre afrikanische Kunst an der Universität und im Busch studierte. Ich lernte viele Leute kennen und kam sehr gut mit den Nigerianern zurecht, und so reiste ich durch verschiedene afrikanische Länder, forschte und arbeitete. Erst in Afrika lernte ich meine Wurzeln zu schätzen. Black is beautiful, das verstand ich jetzt, ich warf all meine Komplexe über Bord und lernte, mich wie eine Schwarze zu verhalten. Heute habe ich keinerlei Komplexe mehr, im Gegenteil, ich bin inzwischen sogar richtig mutig.

Als ich aus Nigeria zurückkehrte, hatte sich in Deutschland einiges geändert. Ich hatte den Anschluß verloren und mußte nochmal ganz von vorn anfangen. No problem!! Der Besitzer des Hauses, in das ich zog, war mir freundlich gesinnt und vermietete mir einen Raum, in dem ich einen Frisiersalon eröffnete, der bald gerammelt voll mit Afrikanern war. Wer nichts zu tun hatte, kam in Virgínia's Salon. Ich wurde zu einer unheimlich bekannten Friseusin, klar, ich war ja auch die erste, die in Deutschland afrikanische Frisuren machte.

Nachdem ich einen Deutschen geheiratet und meine beiden Söhne bekommen hatte, mußte ich aufhören zu arbeiten,

aber ich hielt es nicht lange aus, ausschließlich Hausfrau und Mutter zu sein. Es war mir zu langweilig, nur mit Kindern zu tun zu haben. Das Schlimmste war, die Jungen zum Schwimmen zu bringen und mir das Gerede der anderen Mütter anhören zu müssen:
»Ah, mein Kind ist eben intelligenter als ihres!«
»Dafür ist meins hübscher!«
So ein Blödsinn! Ich mußte mein Leben dringend mit irgendetwas Sinnvollerem füllen, als mit dem Gequatsche dieser Frauen. Mit zehntausend Mark von der Bank eröffnete ich kurzerhand in Düsseldorf ein Geschäft mit brasilianischen Produkten, das Casa Brasil. Ich hatte nicht die geringste kaufmännische Erfahrung und lernte alles über meine Kunden, also durch die Praxis. »Haben Sie gezuckerte Kondensmilch?« Hatte ich nicht, also lief ich los und suchte wie eine Verrückte einen Lieferanten. »Haben Sie Guaraná?« Und schon rannte ich los und suchte Guaraná. Heute verkaufe ich alles mögliche, sogar brasilianische Nationalflaggen. Und als hätte ich damit noch nicht genug zu tun, habe ich auch noch die Vereinigung Evangelischer Brasilianer gegründet, die Gottesdienste auf Portugiesisch abhält und Brasilianern spirituelle Hilfe bei ihren Problemen bietet. Und Probleme gibt es genug. Es fehlt doch sehr an Spiritualität in diesem Land, der Mangel an Sonne läßt die Seele verkommen. Manche Leute wollen nicht bis zum Sonntagsgottesdienst warten und kommen direkt zu mir in den Laden, weil sie geistlichen Beistand brauchen.
Ich habe keine Probleme in Deutschland, ich mochte das Land vom ersten Augenblick an. Sobald ich in Düsseldorf ankam, versuchte ich, die Immergeradeaus-Art der Deutschen zu übernehmen – alles immer schön an seinem Platz, da, wo es hingehört. Ich wußte, sie würden sich wegen mir nicht ändern, also mußte ich mich anpassen. Früher schreckte mich dieses Übermaß an Ordnung, das an Unflexibilität grenzt, noch ab. Aufgrund meiner kämpferischen Natur be-

kam ich häufig Ärger in der Straßenbahn, wenn ich den Kinderwagen nicht an den dafür vorgesehenen Platz stellte. Ich argumentierte damit, daß die Bahn doch leer sei und der Wagen niemanden störte. Das interessierte sie nicht:
»Egal, Sie müssen den Kinderwagen auf den Kinderwagenplatz stellen!!!«
Was für eine unerträgliche Sturheit! Das grenzte wirklich an Dummheit... Nach vielen Reibereien habe ich meinen Stil geändert: heute bleibe ich ganz gelassen, wenn die anderen sich aufregen.
Wenn ich so rede, hört es sich an, als würde ich die Deutschen nicht mögen. Das stimmt nicht. Auch wenn ich sie kritisiere, mag ich die Deutschen so, wie sie sind. Sie haben auch ihre Qualitäten, willst du ein Beispiel hören? Die Hilfsbereitschaft. Wenn es darum geht, jemandem zu helfen, kann man sich auf die Deutschen verlassen, sie haben ein gutes Herz. In der Zeit, als ich in Nigeria lebte, sah ich viele Schiffe, die vollgepackt mit Säcken waren, auf denen stand »Made in Germany«. Sie spenden sehr viel. Böse Zungen behaupten, das sei ihre Art, wiedergutmachen zu wollen, was sie in den Kriegen angerichtet haben, aber ich glaube, das ist es nicht. Diese Solidarität kommt von innen.
Das Dumme ist, daß die Deutschen sich in ihrem eigenen Land nicht vernünftig benehmen können. Sie können sich nicht mit anderen anfreunden, weder untereinander noch mit Ausländern, denen sie sich überlegen fühlen. Obwohl sie sehr gefühlsorientiert sind, können sie ihre Gefühle nicht ausdrücken. Selten sieht man sie lächeln oder jemanden anderes loben. Ich habe schon Deutsche sagen gehört, unter anderem sehr intelligente, Gefühle zu zeigen wäre ein Mangel an Intelligenz. So etwas Armseliges! Bei mir zu Hause gibt es so etwas nicht. Ich bestehe darauf, meine Kinder so zu erziehen, daß sie Gefühle zeigen, ich möchte nicht, daß sie so aufwachsen.
»Ihr könnt ruhig weinen, Kinder!«

»Wirklich, Mama?«
»Natürlich. Auch auf der Straße. Es sieht vielleicht nicht so toll aus, wenn man mit offenem Mund heulend durch die Gegend rennt, aber es ist auch nicht das Ende der Welt. Es ist zwar nicht schön, aber es ist auch nicht schlimm.«
Ich glaube, die Unsicherheit der Deutschen resultiert aus dieser emotionalen Unfähigkeit. Es gibt so viele wunderschöne Frauen, die äußerst gebildet und gesellschaftlich hoch gestellt sind, daß man neidisch werden könnte, aber wenn sie Gefühle ausdrücken sollen, dann sind sie eine Null. Viele große und starke Männer sind zerbrechlich wie eine Porzellantasse, wenn man sie nur berührt. Sie sind emotional so schwach, so unsicher und furchtbar ängstlich... In Brasilien würden solche Leute wie Könige durch die Straßen gehen und sich ihrer Schönheit erfreuen.
Mein Mann, der ein wunderbarer Mensch ist und mich sehr unterstützt, ist auch sehr zurückhaltend. Da wir seit Jahren verheiratet sind und ich ihn in- und auswendig kenne (natürlich gibt es immer wieder Überraschungen), weiß ich, wie ich ihm helfen kann, seine Gefühle nach außen zu kehren. Wenn nötig, bringe ich die Kinder ins Spiel und manipuliere ein bißchen herum und dann blüht er auf. Aber so spontan kommt da nichts, weil er eben Deutscher ist. Da hilft nichts.
Bei manchen verwandeln sich die unterdrückten Gefühle in Gleichgültigkeit. Das habe ich an einem der ersten Weihnachten bemerkt, die ich hier verbrachte. Ich war damals noch allein und kannte keinen einzigen Brasilianer in Düsseldorf, ich wußte nicht, wo ich hinsollte. Und Weihnachten ist man immer etwas bedürftiger, du weißt ja, wie das ist. Ich bekam Sehnsucht nach meiner Familie, meinen Freunden, und danach, portugiesisch zu sprechen! Ich war ganz allein mit meinem Herzschmerz und ging in eine katholische Kirche, um Trost zu finden (damals war ich noch nicht zur evangelischen Kirche übergetreten). Ich weinte während der

ganzen Messe. Als der Gottesdienst vorbei war, weinte ich immer noch, aber niemand kam zu mir, um mich zu fragen, was ich hätte. Als ich sah, daß der Priester auf mich zukam, dachte ich erleichtert: »Wenigstens einer, der sich um mich kümmert«. Von wegen! Alles was er tat, war, mich so unbeteiligt wie sonstwas zu bitten, die Kirche zu verlassen, es sei Zeit zu schließen! Das war ein Schlag ins Gesicht. Von da an lernte ich, allein mit meinen Problemen und Ängsten zurechtzukommen.

Ich gewöhnte mich so sehr an meine Selbstgenügsamkeit, daß ich ganz verwirrt war, wenn mir jemand helfen wollte. Ich habe gelernt, anderen nichts mehr aus meinem Leben zu erzählen. Mit der Zeit habe ich diese Haltung nochmal überprüft und wesentliche Werte meiner Kultur wiederentdeckt: Es ist so gut, anderen die Hand zu reichen, sich mitzuteilen, es ist doch so, oder etwa nicht? Einfach zuzumachen ist nicht gut. Viele Brasilianer machen das. Einige werden sogar noch verschlossener als die Deutschen und fühlen sich anderen Landsleuten gegenüber als etwas Besseres, obwohl doch alle wissen, daß sie dieselben Bohnen gegessen haben, in denselben ärmlichen Vorstädten aufgewachsen und mit demselben überfüllten Bus gefahren sind. Es ist doch Quatsch, seine Wurzeln zu verleugnen! Diese Brasilianer können noch so blond sein, blaue Augen haben und sonstwas tun, um Teil dieser Gesellschaft zu werden, irgendwann kommt immer der Augenblick, wo sie hören werden, daß sie nur Ausländer sind und für immer und ewig draußen bleiben!

Ich will nie mehr die positiven Seiten meiner Herkunft verleugnen. Von der deutschen Kultur will ich nur das, was gut für mich ist. Natürlich funktionieren nicht alle Seiten der brasilianischen Mentalität auch hier, da kann man noch so lange dagegen anrennen. Aber einiges paßt sehr gut. Ich habe heute ein Gleichgewicht gefunden, ich habe mich an Deutschland angepaßt, ohne meine Identität zu verlieren. Ich bin Brasilianerin und ich will auch nicht noch einmal neu geboren werden.

Júlio César Silva

Ich war gerade drei Monate in Dortmund, als diese unangenehme Geschichte passierte, über die dann ganz Deutschland redete. Ich war von einem brasilianischen Freund in eine Diskothek eingeladen worden. Als wir dort ankamen, stellte sich der Türsteher uns in den Weg und sagte, das Lokal wäre anläßlich einer Privatfeier geschlossen. Mein Freund, der sehr gut deutsch spricht, versuchte noch zu diskutieren: »Soweit ich weiß, findet hier nirgends eine Feier statt«. »Doch«, sagte der Typ, »Und noch was, ihr kommt hier nicht rein und damit hat es sich«. Wir wollten schon gehen, als mich ein paar Dortmunder Fans erkannten. »Du bist doch Júlio César, oder? Gehst du schon? Warum denn?« Als ich es ihnen erklärte, wurden sie fuchsteufelswild: »Der lügt doch! Hier ist überhaupt keine Feier!« Da wurden ein paar Polizisten auf uns aufmerksam. Auch sie erkannten mich und wollten wissen, was das Problem war. Ich erzählte alles, so wie es war, und die ganze Sache nahm ein Riesenausmaß an und stand in allen Zeitungen im ganzen Land.
Als die Leute von der Diskothek hörten, daß ich Júlio César von Borussia war, baten sie mich sofort, einzutreten. Diesmal lehnte ich ab, denn schließlich muß jeder Mensch, egal wer er ist, überall respektiert und willkommen sein, findest du nicht auch?
Es ist schwer, jemandem, der so etwas nie erlebt hat, den Rassismus zu erklären... Wenn ich manchen Deutschen erzähle, was mir passiert ist, sagen sie »So etwas gibt es hier nicht«. »Für dich nicht, weil du weiß bist und Deutscher«, antworte ich, »Nur wer eine dunkle Hautfarbe hat, spürt das am eigenen Fleisch. Von wegen, es gibt keinen Rassismus,

wenn ich es sage, dann weil ich es sehe. Wir Brasilianer spüren, ob wir willkommen sind oder nicht. Leider gibt es überall auf der Welt Rassismus, auch in Brasilien.«
Das Gute war, daß ich nach dem Skandal unheimliche Unterstützung von Borussia Dortmund und den Fans bekommen habe. Sie gaben mir eine Menge Kraft und halfen mir, über die Sache hinwegzukommen. Ich wollte schon direkt wieder nach Brasilien zurückfliegen, aber angesichts all der Zuwendung beschloß ich zu bleiben. Und ich versuche, diese Zuneigung so gut es geht zurückzugeben. Ich lebe jetzt bereits seit vier Jahren hier und seit der Episode in der Diskothek habe ich niemals wieder Ärger gehabt. Heute weiß in Deutschland jeder, wer Júlio César ist. Meine Beziehung zu Borussia Dortmund ist ausgezeichnet. Sie mögen mich, mein elegantes Spiel, mein Verhalten auf dem Spielfeld und meine Art zu trainieren. Im großen und ganzen habe ich das Gefühl, daß die Profi-Fußballer sehr respektiert werden. Mehr als in Brasilien. Die Brasilianer sind, abgesehen davon, daß sie ziemlich anspruchsvoll sind, auch undankbar, vielleicht weil wir den besten Fußball der Welt spielen. Wenn du drei oder vier phantastische Spiele machst, sagen sie: »Super, du bist der Größte«. Wenn du das nächste Mal stolperst oder irgendeinen Fehler machst, hacken alle auf dir rum und du bist nicht mehr der Tolle. Das ist Teil unserer Mentalität...
In Deutschland wird man als Fußballer auch besser bezahlt. Klar, die deutschen Vereine haben mehr Geld als die brasilianischen. Nicht ohne Grund geht ein Spieler, der sich in Brasilien hervorhebt, nach Europa. Das war auch bei mir der Fall. Ich kam mit 22 Jahren nach Europa (erst Frankreich, dann Italien, dann Deutschland), in der Absicht, Geld zu verdienen und meiner Familie ein besseres Leben zu ermöglichen, denn meine Familie bedeutet mir alles im Leben.
Dieser finanzielle Vorteil entschädigt mich auch dafür, nicht bei den Dingen sein zu können, die ich liebe. Wenn in Brasilien das Training vorbei war, ging ich mit den anderen Spie-

lern noch ein Bier trinken und ein bißchen tanzen. Oder ich ging nach Hause und war mit meiner Familie zusammen. Hier geht jeder nach dem Training allein nach Hause. Der Job ist total getrennt vom Privatleben. Und wenn man immer so allein ist, dann wird man kalt und gleichgültig...

Ein anderer grundlegender Unterschied liegt im Training selbst. In Brasilien machen die Fröhlichkeit, die Kreativität und die Phantasie der Spieler Lust aufs Trainieren. Am Ende des Spiels lachen alle und machen Scherze. In Deutschland sind die Spieler hart, sie arbeiten und arbeiten, bumm, bumm... wenn die neunzig Minuten vorbei sind, ist jeder nur noch bei sich. Man hat gar keine Möglichkeit, mal zu lachen und sich zu entspannen. Psychologisch gesehen ermüdet das Spielen hier mehr als in Brasilien, obwohl dort stärker und länger trainiert wird.

Aber wer im Ausland lebt, sollte sich so gut es geht anpassen. Wenn ich mich einsam fühle, hilft mir mein fester Charakter, meine starke Mentalität. Ich lasse mich nicht hängen, wenn ich Sehnsucht habe. Klar, manchmal bin ich so verzweifelt, daß ich Angst habe, irgendeine Dummheit zu begehen. Aber das geht vorbei...

Was mir auch hilft, ist meine Klarheit, was die Zukunft angeht. Ich weiß, daß ich wegen meines Berufs in Deutschland bin. Nicht, daß es mir hier nicht gut geht, aber ich weiß auch, daß ich auf lange Sicht in Brasilien leben möchte.

Ich möchte betonen, wie dankbar ich den Deutschen bin, vor allem Borussia. Ich habe den deutschen Spielern etwas beigebracht, aber auch viel gelernt. Sie sind sehr zäh, sie geben nicht so leicht auf, kämpfen bis zum letzten Moment, immer in der Hoffnung auf einen Sieg. Die Brasilianer dagegen haben eine ruhigere Art, die Dinge anzugehen, sie schlängeln sich immer irgendwie durch... Bei den Deutschen heißt es ja oder nein. Entweder man schafft es oder man schafft es nicht. Das war mir eine äußerst wichtige Lehre.

Sehr dankbar bin ich auch dafür, daß ich hier die größten Titel meiner Karriere errungen habe. Ich war zweifacher Deutscher Meister und habe mit Borussia die Europa- und die Weltmeisterschaft gewonnen. Angesichts dieser Erfolge, der größten meines Lebens, habe ich großen Respekt vor den Deutschen und ihrem Fußball. So wie ich auch weiß, daß sie mich dafür respektieren, was ich ihrem Verein gegeben habe. Als ich nach Dortmund kam, war die Mannschaft Mittelklasse. Mit mir ist sie immer weiter aufgestiegen und hat mehrere wichtige Titel errungen. Ich hoffe, man wird sich für immer in der Geschichte Borussias daran erinnern.

Derval de Faria

Ein richtiger Schauspieler muß immer bereit sein, Risiken einzugehen. Instinktiv weiß ich das, seitdem ich elf bin und mein Vater mich immer mit in den Regierungspalast in São Paulo mitnahm, wo ich Reden hielt, die er zu Ehren der politischen Persönlichkeiten der damaligen Zeit schrieb.
Ich, kleiner Wicht, der ich war, wurde auf einen Tisch gestellt. Auf dieser improvisierten Bühne legte ich los und machte den feierlichen Ton der großen Männer nach und beeindruckte so, mit der Dreistigkeit und Verwegenheit eines kleinen Jungen, wichtige Politiker, wie den Governeur des Staates, Ademar de Barros, und den Präsidenten Getúlio Vargas.
Als ich dann schon ein großer Junge und beim Militär war, ohne die geringste Berufung zum Soldaten, war ich der Spaßvogel der Bagage: einer dieser Nichtsnutze, die sich nie die Haare schneiden und sich zur Unterhaltung der anderen irgendwelche Sketche ausdenken. Meine Freunde spornten mich an: »Junge, du hast Talent! Du solltest Schauspieler werden!«
Ich hatte auch schon daran gedacht. Sobald ich die Luftwaffe verlassen hatte, machte ich bei Hörspielen mit und gründete zusammen mit anderen Künstlern eine Revuegruppe. Danach hatte ich die Idee, eine folkloristische Ballettschule aufzumachen, in der ich die PR übernehmen sollte, da ich von Tanz keine Ahnung hatte.
1954 kam die Folkloreballettgruppe »Brasiliana« nach einer langen und erfolgreichen Europatournee nach São Paulo. Die Regisseure brauchten neue Leute im Ensemble und ich schlug ihnen vor, in meiner Schule ein *Casting* zu veranstal-

ten. Sie waren einverstanden. Am vereinbarten Termin nahm ich den Tanzlehrer zur Seite und sagte:
»Ich will tanzen lernen.«
»Gut, wann immer du willst.«
»Jetzt.«
»Jetzt? Einfach so?«
»Paß auf, in vier Stunden kommen die Leute von Brasiliana und ich will beim *Casting* mitmachen.«
»Aber Derval, so schnell lernt man nicht tanzen. Man braucht mindestens vier Jahre Training.«
»Wir verlieren nur Zeit. Statt hier groß rumzupalavern, sollten wir lieber anfangen.«
Als die Regisseure von Brasiliana kamen, war ich unter den anderen Tänzern und begleitete alle Schritte und Folgen, die der Choreograph vormachte. Ich wurde ausgewählt, unterschrieb einen Vertrag, löste alles was ich hatte in São Paulo auf und ging einen Monat später als festes Mitglied der Truppe auf Europatournee.

–

Unsere erste Station war Jena, eine kleine Stadt in der ehemaligen DDR, wo wir jeden Abend vor ausverkauftem Haus auftraten und draußen die Leute an den Fenstern hingen, um die Show zu sehen. Die Begeisterung war immens, die Deutschen hatten noch nie schwarze Tänzer gesehen, geschweige denn Samba. Wir waren die Größten, sowohl auf der Bühne als auch sonst. Wenn wir durch die Straßen gingen, blieb die gesamte Stadt stehen. Die Kinder strichen uns mit dem Finger über die Haut, um zu sehen, ob die Farbe abging. Wenn wir einen Laden betraten, mußten die Verkäufer die Tür abschließen, damit der Laden nicht von Neugierigen gestürmt wurde.
Wir reisten anderthalb Jahre durch die Länder des Eisernen Vorhangs und traten überall auf, unter anderem auch in rus-

sischen Kasernen, wo wir mit Kaviar und erstklassigem Wodka empfangen wurden. Eines Abends kam nach der Show ein russischer Offizier auf mich zu:
»Es ist eine große Freude, euch bei uns zu haben. Ich bin ein großer Bewunderer Brasiliens, unsere Länder sind Brüder. Ihr habt eine sehr schöne Hauptstadt, ähm ...«
Ich ließ ihm Zeit, auf den Namen zu kommen.
»Ähm, ... Argentinien, nicht wahr?«
Wie konnte ein Offizier der russischen Armee sich derartig lächerlich machen, indem er mit solcher Überzeugung von etwas sprach, das er gar nicht kannte? Ich konnte nur mühsam ein Lächeln zurückhalten und korrigierte den Irrtum.
»Also, eigentlich ist die Hauptstadt Brasiliens ja immer noch Rio de Janeiro.«
»Aber natürlich! Wie konnte ich das vergessen? Natürlich, Rio de Janeiro, eine wunderschöne Stadt... «

–

Über Wien kamen wir in den Westen, während eines für europäische Maßstäbe unglaublich heißen Sommers. Bei 35 Grad im Schatten wollte sich niemand in einem Theater aufhalten. Wir tanzten vor leeren Stühlen.

–

Von Wien aus fuhren wir nach München und von dort nach Hamburg, wo ich einen freien Abend nutzte, um mir ein Stück von Gustav Gründgens anzusehen. Ich war fasziniert. Das war Theater! Das übertraf fast alles, was ich bis dahin gesehen hatte.
»Ich glaube, ich bleibe lieber hier und fang mit meiner Schauspielausbildung noch mal bei Null an«, sagte ich zu meiner Freundin, einer Deutschen, die in Hamburg wohnte. »So eine künstlerische Qualität finde ich in Brasilien nie.«
Sie war sehr verliebt in mich und bot mir sofort an, bei ihr zu wohnen.

»Ich kenne Gustav Gründgens, ich stelle dich ihm vor, wer weiß, vielleicht ergibt sich ja was? Das ist vielleicht interessanter, als mit dem Ballett weiter nach Israel zu reisen.«
Das war optimal für mich und so blieb ich in Hamburg. Leider war unsere *Liaison* zu Ende, bevor der Kontakt zu Gründgens zustande kam. Aber da ich nicht gerade ein untätiger Mensch bin, besorgte ich mir kurze Zeit später ein Stipendium für ein Theaterstudium an der Freien Universität Berlin.

Das Stipendium reichte gerade mal für einen Haferflockenbrei pro Mahlzeit und, wenn ich ordentlich sparte, einen Teller Suppe am Bahnhof. Die Brotreste nahm ich mit nach Hause.
Ein hartes Leben war das: kein Geld, immer kalt, aber ich hab mich noch nie leicht entmutigen lassen. Ein richtiger Schauspieler muß immer bereit sein zu kämpfen. Als ich in Berlin war, bewarb ich mich sofort bei diversen Theatern als Praktikant für Dramaturgie und Regie. Ich wurde im Schiller Theater, im Renaissance Theater, im Schloßpark und im Berliner Ensemble angenommen.
Glück, Talent, Sympathie? Ich weiß es nicht. Es kam alles wie von allein, auch das Treffen mit dem Vorsitzenden der Kunstakademie, einem großherzigen Baron, der mich sehr mochte und mich bald wie einen Sohn behandelte. Er lud mich zu Gesprächen ein, brachte mich in der Akademie unter und stellte mich den wichtigen Leuten in der Szene vor. Alles, was ich wollte.

—

Eines Nachmittags plauderte ich mit dem Sekretär des Barons in einem Café am Kurfürstendamm, als eine Frau auf mich zukam und sagte:
»Würden Sie gern in einem Theaterstück mitspielen?«
Ich dachte, sie machte Witze. Vielleicht war es eine Freundin

des Barons, die sich über mich lustig machen wollte? Ich fragte den Sekretär, ob er sie kenne. Er hatte sie noch nie gesehen.
»Sie kennen mich nicht, Sie wissen nicht, was ich mache... Warum fragen Sie mich das?«
»Wir brauchen einen schwarzen Schauspieler für ein Premierenstück im Forum Theater.«
Es war eine jüdische Millionärin, die sich den Traum eines eigenen Theaters in Berlin erfüllt hatte. Es sollte ein Stück von Jean Cocteau sein und meine Rolle die eines taubstummen Sklaven. Warum nicht? Ich war einverstanden.
Die Premiere war eine Katastrophe, der Regisseur hatte versagt, alle Schauspieler wurden verrissen, mit Ausnahme von Derval de Faria. Von nun an regnete es Angebote. Ich überlegte nicht lange, ob ich den Anforderungen gewachsen wäre – ich packte die Gelegenheit beim Schopfe.
Eines Tages willigte ich ein, bei einem Gesangstest für einen staatlichen Fernsehsender in der DDR mitzumachen, obwohl ich nie zuvor gesungen hatte. Begleitet vom deutschdemokratischen Symphonieorchester mußte ich romantische Lieder singen. Ich bestand den Test, die Sendung wurde ausgestrahlt und der Produzent bat mich um weitere Aufnahmen, die zu einem Publikumserfolg wurden. Ich verdiente allmählich ein Vermögen.
Leider konnte man die ostdeutsche Währung nicht eintauschen. Ich mußte das ganze Geld dort auf den Kopf hauen, während ich weiterhin in meinem bescheidenen Studentenheim in Westberlin wohnte. Nur an den Tagen, an denen die Aufnahmen stattfanden, überschritt ich die Grenze zwischen Armut und Luxus. Ich quartierte mich im feinsten Hotel von Ost-Berlin ein und lebte wie ein Pascha.

–

Angebote für Theaterstücke, Filme, Fernsehserien, Hörspiele. Es gab jede Menge Arbeit und praktisch keine Konkurrenz. Ich schätze, damals war ich der einzige brasilianische Schauspieler in ganz Deutschland. Als Mulatte konnte ich alles mögliche darstellen: einen brasilianischen Indio, einen Hindu, einen afrikanischen Sklaven, einen schwarzen Amerikaner, einen arabischen Prinzen oder Wissenschaftler, einen Iraner. Ich machte sowohl bei Aufführungen von Theaterstücken von Shakespeare oder einer Oper von Mozart als auch bei Fernsehkrimis mit. In Brasilien wäre das unmöglich gewesen. Viele talentierte schwarze Kollegen, die in São Paulo geblieben waren, hatten nicht die geringste Chance, beruflich aufzusteigen. Die wenigen Jobs, die sie bekamen, waren Rollen als *Chauffeur*, als Sklave, Koch oder ähnliches. Hier war ich auf dem richtigen Weg zum Erfolg.

–

Die Fremdendiskriminierung in Deutschland erreicht die Leute aus dem künstlerischen Bereich praktisch nicht, da sie ständig mit Konfetti und Applaus bedeckt sind. Das bestätigte sich, als meine Frau, eine durch und durch blonde Deutsche, einen Laden in Hamburg betrat. Kaum war sie drin, fragte die Verkäuferin sie:
»Wer war denn dieser Schwarze, mit dem Sie das letzte Mal hier waren?«
»Mein Mann.«
Die Frau erschrak.
»Was? Ihr Mann? Haben Sie denn keine Angst vor ihm?«
»Warum sollte ich? Wir verstehen uns ausgezeichnet, wir haben sogar eine Tochter.«
»Und was macht er?«
»Er ist Schauspieler. Er arbeitet beim Radio und beim Fernsehen... «
Der Frau gingen die Augen über.
»Ist es möglich! Sie müssen mir unbedingt Bescheid sagen, wenn er das nächste Mal zu sehen ist!«
Als ich das hörte, schwor ich mir, diesen Laden nie wieder

zu betreten. Aber das Gedächtnis ist manchmal von kurzer Dauer und schließlich landete ich irgendwann wieder dort. Die Verkäuferin erkannte mich sofort. Sie lächelte vertraulich und gab mir ein Zeichen, nach vorn in die Schlange zu kommen, wobei sie den anderen Kunden ganz beiläufig erklärte: »Sie müssen entschuldigen, aber ich kenne diesen Kunden persönlich. Er ist ein äußerst beschäftigter Schauspieler aus dem Fernsehen!«
Ach ja? Nur, weil ich Schauspieler bin? – dachte ich mir – Von heute an wird mich diese Frau nur noch im Fernsehen sehen. Irgendwo ist Schluß!
Diesen Schwur habe ich seitdem nicht gebrochen.

–

Achtzehn Jahre sind seitdem ins Land gegangen, ohne daß ich in meine Heimat gefahren wäre, so vollgestopft mit Arbeit war ich. Achtzehn Jahre Sehnsucht nach meiner Familie, der Sonne, den Spaziergängen durch die Avenida Paulista. Mein Leben in Deutschland war eine einzige Erfolgsgeschichte, aber ich war es leid, im Ausland zu leben. Ich überlegte, wie ich nach Brasilien zurückkehren konnte und beschloß, mit meiner zweiten Frau und meiner jüngsten Tochter die Ferien in São Paulo zu verbringen.
Das Wiedersehen mit meiner Familie war tief bewegend. Als meine Mutter mich sah, bekam sie einen Heulanfall. »Aber, aber, Mutter, man kann ja nicht mal ein paar Tage wegbleiben, und schon fängst du an zu weinen«. Ich umarmte sie und meine Brüder. Es war eine große Freude, sie wiederzusehen und die Neffen und Nichten kennenzulernen, die nach meinem Weggang auf die Welt gekommen waren! Wenn es nach ihnen gegangen wäre, hätte ich direkt in São Paulo bleiben müssen. Aber die Gespräche mit Kollegen vom Theater wirkten wie eine kalte Dusche auf mich. Sie rieten mir davon ab, zurückzukehren:

»Bist du wahnsinnig, Derval? Dort läuft es so gut für dich, was willst du dann hier? Schlag dir die Flausen aus dem Kopf. Hast du vergessen, daß man in Brasilien mit Theater keinen Pfennig verdient, oder wenn, dann nur mit vollkommenem Mist? Hast du vergessen, daß du als Schauspieler Lexika verkaufen mußt, um zu überleben? Die Produktionsbedingungen sind miserabel: Wenn die Rolle es vorschreibt, daß in der Szene geraucht wird, muß man seine eigenen Zigaretten mitbringen. Und glaubst du vielleicht, man hätte immer Arbeit? Ist das eine Stück vorbei, heißt es ade und schluß mit lustig. Dann können wir wieder ganz von vorn anfangen.«

»Oh je! Wenn es so ist, dann komme ich nicht zurück! Ich bleibe lieber in Deutschland.«

Ich fuhr mit meiner Familie zurück nach Hamburg. Aber es ist ja nun mal so, daß die Brasilianer von Beruf hoffnungsvoll sind. Vielleicht habe ich in zwei Jahren bessere Kontakte? Wer weiß, vielleicht ändert sich die Situation in Brasilien ja bald? Man kann ja nie wissen...

Die Zeit verstrich, ich fuhr immer wieder nach São Paulo, aber es war immer dasselbe deprimierende Bild. Ich bin jetzt schon über sechzig und habe immer noch keine Möglichkeit gefunden, zurückzukehren. Hoffnungen? Habe ich nicht mehr. Und bei den unsicheren Bedingungen weigere ich mich, in Brasilien zu arbeiten. Aber sollte der Präsident mir eines Tages den Posten des Intendanten des Nationaltheaters anbieten, dann bin ich sofort da, das schwöre ich.

Geraldo Wickert

Indem ich mein Leben in Deutschland aufgebaut habe, bin ich den entgegengesetzten Weg meiner Eltern gegangen, zweier Deutscher, die ihr Land gegen Brasilien eingetauscht haben, weil sie nicht mit der Politik Hitlers konform gingen. Ich hätte niemals gedacht, daß die Fäden meines Schicksals hier zusammenlaufen würden, als ich mit einem Stipendium von der deutschen Regierung für ein Architekturstudium an der Universität Hannover hier ankam. Ich kam zum Studieren her, und um ein paar praktische Kenntnisse zu erwerben und dann nach Rio Grande do Sul zurückzukehren. Und schau mal: jetzt bin ich schon mehr als dreißig Jahre weg...
Ich hatte das große Glück, gleich nach meinem Studium eine Anstellung in einer guten Firma zu bekommen, wo ich von meinen hilfsbereiten Kollegen schnell lernte, wie die tüchtige deutsche Maschine funktioniert.
Anfang der siebziger Jahre erhielt ich von der deutschen Regierung die Einladung, in einer Gruppe internationaler Spezialisten am Wiederaufbau der bei einem Erdbeben in Peru zerstörten Gebiete zu arbeiten. Damals wurde mir klar, was für ein enormer Vorteil es ist, zwei verschiedene Mentalitäten zu kennen und mehrere Sprachen zu sprechen. Neben Portugiesisch spreche ich Englisch, Französisch, Spanisch und Italienisch. Ich spreche Deutsch ohne Akzent, so daß viele Leute nicht einmal merken, daß ich Brasilianer bin.
Als ich aus Peru zurückkam, folgten weitere Angebote und Reisen. Große Projekte in Ruanda, Burundi, Zaire, Catar und in den Vereinigten Arabischen Emiraten. Meine Familie – Frau und zwei Söhne – hat mich immer begleitet, bis der Ältere in die Schule kam. Ich mußte meine Strategie ändern, ich

konnte nicht einfach weiter in der Welt herumgondeln. Ich mußte eine Basis in Deutschland errichten, damit die Kinder eine kontinuierliche Ausbildung erhalten konnten. Ich verließ den Mittleren Osten und ließ mich in Köln nieder.
Von Köln reiste ich regelmäßig nach Nigeria, wo ich die Planung der neuen Hauptstadt Abuja koordinierte, die so etwas wie ein nigerianisches Brasília ist. Dank meiner umfangreichen internationalen Erfahrung konnte ich die schwierige Aufgabe des Projektmanagers übernehmen. Weißt du, wenn sich Menschen mit verschiedenen Mentalitäten um einen Tisch setzen, werden die Gegensätze sofort deutlich. Bei dem Projekt in Abuja gab es eine Gruppe Nigerianer mit ihren »*Advisers*« aus Polen, Rußland und der DDR und eine andere, die aus Westdeutschen, Engländern, Libanesen und Israeliten bestand. Ein heilloses Durcheinander! Und du weißt ja, daß man Libanesen und Israeliten zu jener Zeit nicht an einen Tisch setzen konnte! Meine Aufgabe war es also, das Orchester zu dirigieren, ein Gleichgewicht in die verschiedenen Standpunkte all dieser Leute zu bringen, was einerseits Diplomatie und Geschick von mir erforderte und andererseits, ein harter Manager zu sein, der in der Lage war, endlose Diskussionen zu vermeiden und schnell Lösungen herbeizuführen. Wie sagen die Deutschen? – hart aber herzlich...
Ich glaube, das Geheimnis dafür, als Firma gut im Ausland zurechtzukommen, liegt darin, die Mentalität des Landes, in dem sie sich niederläßt, zu akzeptieren. Man kann nicht einfach ankommen und seine Ideen mit Arroganz durchsetzen wollen, das führt zu nichts. Man muß die Besonderheiten des Anderen akzeptieren. Da ich mir dessen bewußt bin, weise ich die Kollegen, die lediglich spanisch sprechen und in Brasilien Geschäfte tätigen wollen, darauf hin: »Bevor Sie mit einer Versammlung beginnen, erklären Sie Ihren Partnern, daß Sie kein portugiesisch sprechen und fragen Sie sie, ob sie einverstanden sind, wenn Sie spanisch mit ihnen sprechen. Sie werden sehen, so wird man Sie augenblicklich ak-

zeptieren. Aber wenn Sie einfach eine fremde Sprache sprechen, ohne sich vorab zu entschuldigen, wird man Sie wahrscheinlich mißverstehen.«

Einem Brasilianer, der in Deutschland Geschäfte machen will, rate ich dasselbe und sogar noch mehr. Ich würde ihm raten, a) pünktlich zu sein; b) direkt zur Sache zu kommen. Keine Zeit mit Gesprächen über Auto, Familie oder sonst irgend etwas zu verlieren, denn die Deutschen schätzen es nicht besonders, lange herumzureden, bevor das Geschäft abgeschlossen ist; und c) keine Witze, bevor alles unter Dach und Fach ist. Humor gleich zu Beginn hinterläßt bei Deutschen einen wenig professionellen Eindruck.

In all diesen Jahren meiner Karriere habe ich gelernt, daß sehr einfache Prinzipien wie Toleranz und die Bereitschaft, die Nuancen einer Mentalität verstehen zu wollen, fundamental für den Erfolg internationaler Projekte sind. Ich habe diese Gebote sowohl in Nigeria als auch bei den darauf folgenden Projekten angewandt. Nach der nigerianischen Hauptstadt koordinierte ich erfolgreich den Bau aller Firmenhäuser von Nixdorf im Ausland, von Boston bis Singapur. Nach der deutschen Wiedervereinigung habe ich eines der wichtigsten Projekte Berlins realisiert: die Friedrichstadtpassage, welche die geschäftigste Gegend der Stadt ist. Später baute ich das CentrO in Oberhausen, das größte Einkaufszentrum Europas. Und jetzt koordiniere ich in Potsdam die Entstehung eines Geländes von etwa 50 Hektar, auf denen sich die Babelsberger Filmstudios befinden, die die ältesten Europas sind. Wir haben bereits das modernste High Tec Center auf dem europäischen Kontinent gebaut und entwerfen jetzt eine Filmhochschule für vierhundert Studenten und ein Entertainment Center, wie die Amerikaner es nennen.

Natürlich haben sich meine Kontakte nach Brasilien durch all die Arbeit und das Reisen ziemlich eingeschränkt. Ich schaffe es kaum, brasilianische Zeitungen zu lesen, einfach aus Zeitmangel. Aber wann immer die Arbeit es erlaubt, verbringe ich die Ferien mit meiner Familie in der Heimat. Es tut gut, das Land wiederzusehen, die Verwandten, Freunde und natürlich, als richtiger Gaucho, ein ordentliches Churrasco zu essen! Hier in Deutschland ist das Fleisch unglaublich teuer, deswegen essen die Leute hier eher Würstchen. Das Churrasco fehlt mir...

So wie mir auch die berühmte brasilianische Spontaneität fehlt. In Porto Alegre stört es niemanden, wenn man »*on the spot*«, wie die Amerikaner sagen, zu Besuch vorbeikommt. Netter ist es natürlich, wenn man ein paar Pralinen oder Blumen dabei hat, aber wenn nicht, macht es auch nichts. Wenn man zur Mittagszeit kommt, werden eben ein paar Bohnen aufgesetzt oder es kommt ein bißchen mehr Fleisch in den Topf, fertig. Hier nicht. Die Leute wollen vorher ganz genau wissen, an welchem Tag und zu welcher Uhrzeit man kommt. Alles muß seine Ordnung haben.

Aber man gewöhnt sich an andere Lebensarten und schafft sich seine Umwelt, wo auch immer das sein mag. Ich habe mich hier eingelebt und denke nicht daran, nach Brasilien zurückzugehen, aus folgendem Grund: Wenn wir einen Non-Stop-Flug von Köln nach Rio nehmen, kann der Pilot ab einem bestimmten Punkt nicht zurück an den Ursprungsort fliegen. Ich bin dieser Pilot und ich habe den »*point of no return*« schon seit einiger Zeit überschritten. Ich habe einen Haufen Verantwortung, sowie finanzielle und familiäre Verpflichtungen, von denen ich mich nicht mehr lösen kann. Das heißt, ich könnte es zwar, aber das würde bedeuten, praktisch noch mal ganz von vorn anzufangen, am anderen Ende der Welt. Und wozu? Hier in Deutschland habe ich einen guten Job, meine Freunde, ein gut organisiertes Leben. Und außerdem habe ich auf meinen vielen Reisen entdeckt, daß a) kein Paradies auf Erden existiert; und b) unsere Heimat dort ist, wo die Familie ist und wo wir willkommen sind...

Ida Schrage

Eine doppelte Identität, ein Kaleidoskop der Identitäten: Können wir alle ein Roman unserer selbst sein, ohne für verrückt oder für Lügner gehalten zu werden?

Julia Kristeva

Der Identitätskonflikt überschattet mich seit der Kindheit. Ich bin als Tochter jüdischer Emigranten aus Osteuropa in São Paulo aufgewachsen und mußte mir immer bissige Bemerkungen anhören: »Wer sagt, daß du Brasilianerin bist? Du gehörst zu dem Volk, das Jesus Christus ermordet hat. Du kommst nicht ins Paradies, wenn du tot bist!«

Unser Hausmädchen glaubte, ich lebte in Sünde, und nahm mich eines Tages am Arm, um mich heimlich zu taufen. Die Arme, sie wußte nicht, in welcher Situation ich mich befand...

Aber ich selbst verstand es auch nicht richtig. Ich wußte nur, daß es nicht gut war, anders als die anderen Kinder zu sein. Zum Glück bekam ich zu Hause eine Menge Erklärungen, die später durch das Gedankengut der Zionistischen Bewegung verstärkt wurden, als ich begann, von Israel zu träumen. Und vom Sozialismus.

Als junges Mädchen reiste ich nach Israel, auf der Suche nach meiner Identität, aber was ich dort vorfand, hatte mit mir nichts zu tun. Ich kehrte nach Brasilien zurück und schrieb mich 1964 in der Fakultät für Pädagogik ein, genau in dem Jahr, in dem das Militär die Macht ergriff.

Ich distanzierte mich von der Zionistischen Bewegung und trat einer linksgerichteten Organisation bei. Schnell merkte ich, daß ich dem brasilianischen Volk keine revolutionären

Ideen auferlegen konnte, ohne wenigstens das Leben einer Arbeiterin in São Paulo kennengelernt zu haben. Ich beschloß also, so zu leben wie sie und in einer Fabrik zu arbeiten, obwohl ich wußte, daß man mir als Akademikerin solch eine Art von Arbeit verweigern würde. Ich bekam eine Anstellung, blieb aber nicht lange, da ich vom Militär verhaftet wurde.

Ich saß einige Monate im Gefängnis und erhielt lediglich Elektroschocks. Ich sage lediglich, weil Folter zu jener Zeit in Brasilien zur Tagesordnung gehörte. Mein Freund Clemens, ein Deutscher, der in derselben Bewegung war, wurde auch verhaftet und erlitt schreckliche Torturen. Hast du schon mal etwas von der Papageienschaukel gehört? Ja, genau... Neben der physischen Folter gab es die psychologische. Die Polizisten peinigten ihn, indem sie ihn ironisch fragten: »Du als Deutscher, wie kannst du mit einer Jüdin zusammen sein?«

Als die deutsche Regierung einschritt, wurde Clemens des Landes verwiesen. Die Polizei brachte ihn in Handschellen zum Flughafen. Ich war bereits im Ausland und machte mir große Sorgen um meine Familie.

Clemens und ich verbrachten eine Zeit in Israel, bevor wir nach Deutschland gingen, erst er, dann ich. Du kannst dir ja vorstellen, daß für meine Eltern – ein Pole und eine Rumänin, deren Verwandte im Konzentrationslager ums Leben gekommen waren – dieses Land tabu war. Als ich eines regnerischen Abends in Frankfurt landete, fühlte ich die Last, ein familiäres Gebot zu verletzen, als hätte man mir Eisenkugeln an die Füße gebunden.

Ich ging zu einer Rolltreppe, die tief hinab führte und dachte voller Panik: »Hier werde ich jetzt hinunterfahren, aber wohin wird es mich führen? Und dieser Mann in dem schwarzen Ledermantel, der da vorn steht? Mir scheint, als hätte ich ihn schon mal irgendwo gesehen... aber wo? In was für einem Film, auf was für einem Foto? Dieser finstere Mann dort, es kann nur einer von ihnen sein, es gibt keinen Zwei-

fel, sie sind es... SIE SIND GEKOMMEN, UM MICH ZU HOLEN.«
Leider war das Bild, das ich von Deutschland hatte, noch sehr geprägt von dem, was ich in Filmen über den Zweiten Weltkrieg gesehen hatte. Zum Glück waren es nicht die Nazis, sondern mein Freund, der mich vom Flughafen abholte. Nichtsdestotrotz spürte ich noch eine ganze Weile eine unbestimmte Angst in mir.
Einige Tage später, als mein Vater aus Brasilien anrief und ich seine zitternde Stimme am Telefon hörte, fing mein Herz wieder an, heftig zu klopfen. Schluchzend ging ich zu Bett, mit dem Satz in den Ohren: »Ida, ich kann nicht schlafen, wenn ich daran denke, daß du in diesem Land lebst.«

—

In Köln hatten wir immer Besuch von vielen Journalisten, Studenten, progressiven Gruppen und anderen Leuten, die wissen wollten, was in Brasilien los war. Alle sehr entgegenkommend und freundlich. Clemens und ich beschlossen, koste es, was es wolle, mit den politischen Aktivitäten weiterzumachen, und tatsächlich waren sie auch viele Jahre ein wichtiger Bestandteil unseres Lebens, wichtiger noch als unser Privatleben. Unser Schlafzimmer wurde zum Archiv umfunktioniert! Wir sammelten Informationsmaterial über Brasilien, das wir Instituitionen und Journalisten zur Verfügung stellten, wir hielten Vorträge und Debatten, in denen wir Zensur, Folter und Morde an politischen Gefangenen denunzierten. Wir reisten durch mehrere europäische Länder, um die Schrecken der Militärdiktatur bekanntzumachen, und nahmen überall unsere kleine Tochter mit hin, die in Deutschland zur Welt gekommen war. Die Arme! Sie lebte mit dem Übel, Eltern zu haben, die diesem sprunghaften, provisorischen Leben überhaupt nicht gewachsen waren und nicht geahnt hatten, daß das Exil so lange dauern könne...

Einerseits gab dieser kämpferische Einsatz meinem Leben in Deutschland einen grundlegenden Sinn, andererseits trat damit meine berufliche Karriere vollkommen in den Hintergrund. Ich arbeitete gerade mal genug, um zu überleben und meine politischen Aktivitäten zu finanzieren. Das machte ich Jahre lang so, bis eine neue Identitätskrise auftrat: Was war mit dem Menschen Ida? Wo blieb meine Privatsphäre? Inmitten schmerzhafter Überlegungen wurde mir klar, daß mein Mann und ich uns selbst vergessen hatten, als Individuen und als Paar, und daß wir zu uns zurückfinden mußten. Ich merkte auch, daß ich Angst hatte, mich in Deutschland wohl zu fühlen. Ich hatte mir verboten, hier glücklich zu sein, denn es war meine Pflicht, nach Brasilien zurückzugehen und zum Wohle des brasilianischen Volkes zu arbeiten.
Ich brannte darauf, zurückzugehen und fürchtete mich gleichzeitig davor. Ich war inzwischen älter geworden, hatte zwei Töchter, an die ich auch denken mußte. Wie sollten wir in einem Land überleben, das ständig damit beschäftigt ist, eine Krise nach der anderen zu bewältigen?
Aber die Misere war weit entfernt und kurz bevor ich Straferlaß erhielt, wurde mein Prozeß wiederaufgenommen und ich wurde freigesprochen. Damit verschwanden die letzten Zweifel. Ich ging zurück nach Brasilien, in der Hoffnung, ein brutal unterbrochenes Leben wiederaufzubauen und auf irgendeine Art zum Wohlergehen der Brasilianer beizutragen.
Leider galt die Amnestie nur für die Brasilianer. Da mein Mann nicht mit mir kommen konnte, flog ich erneut zurück nach Deutschland. Erst 1985 wurde ihm Amnestie gewährt. Fünf Jahre später konnten wir endlich zusammen nach Brasilien gehen.

—

Die Ankunft in Recife war ein Schock. Ich kam mit dem Traditionalismus der Pernambucaner nicht zurecht, und sie nicht mit meiner »exotischen« Art. In Europa war ich freier und emanzipierter geworden, ich hatte mir angewöhnt, alles in Frage zu stellen und keine Hemmungen zu haben. Einige fragten sogar:
»Aus welchem Land kommst du denn?«
»Also, wenn São Paulo ein anderes Land ist... « antwortete ich etwas verärgert.
Okay, ich hatte mich in Deutschland etwas verändert, aber so sehr? Dies festzustellen regte mich doch etwas auf. Ich wunderte mich auch über die intoleranten Reaktionen, die ich auf jede kritische Bemerkung, die ich über Brasilien machte, erhielt.
»Ach, das verstehst du nicht, du hast ja die ganze Zeit im Ausland gelebt!«
Ich antwortete ein wenig betrübt:
»Aber Leute, in Deutschland bin ich Ausländerin, jetzt komme ich hierher und ihr behandelt mich auch wie eine Ausländerin?«
Wer war ich denn eigentlich? Und wieder hatte ich eine Identitätskrise.
Und traurigerweise mußte ich obendrein feststellen, daß das soziale Elend sich während der Diktatur verschlimmert hatte, der es gleichzeitig gelungen war, unter anderem demokratische Institutionen und das Bildungssystem zu zerstören. Ich arbeitete als Therapeutin und unterstützte Frauengruppen, womit ich wiederum Multiplikatoren schuf. Die Arbeit befriedigte mich zwar, aber ich verdiente sehr wenig. Es war ein Jammer, denn trotz der unterschiedlichen Mentalitäten lernte ich unheimlich nette Leute im Nordosten kennen. Ich gab mir alle erdenkliche Mühe, dort bleiben zu können. Aber meine Ehe steckte in einer Krise, die Trennung war unausweichlich, und ich sah keine Möglichkeit, mich allein in Brasilien über Wasser zu halten. Wie sollte ich die Ausbildung

auch nur einer meiner Töchter finanzieren? Zurück zu meiner Mutter nach São Paulo zu ziehen, wäre unvernünftig gewesen. Unter anderem hatte ich Angst davor, von ihr abhängig zu sein. Angesichts all dieser Sackgassen mußte ich feststellen, daß die Tatsache, daß man irgendwo seine Wurzeln hat, doch sehr relativ ist, und beschloß, daß mein Platz in Deutschland war, wo wenigstens die Ausbildung umsonst ist und die Schulen gut sind...

–

Welch eine Erleichterung war es, in Köln anzukommen!
Ich kam zurück in ein Land, wo man nicht auf der Straße überfallen wurde, wo die Schulen gut waren, wo jeder Beruf angesehen war und wo die Bürger ein Recht auf Arbeitslosengeld und andere soziale Leistungen hatten.
Jetzt warte mal, Ida, ganz ruhig! Was ist das für ein Deutschland, wo du schon wieder hingezogen bist? Die anfängliche Euphorie ging vorüber und der kritische Geist regte sich wieder, diesmal um den Abbau des Sozialstaates anzuprangern, die wachsende Arbeitslosigkeit, die steigende Anzahl von Bettlern und Drogensüchtigen auf den Straßen, die Paranoia der Menschen, die aus Angst vor der zunehmenden Kriminalität ihre Türen verriegelten. War das das Deutschland, das ich erst kürzlich verlassen hatte?
Mein Wunsch, Brasilien möge mit Deutschland gleichziehen, war gescheitert. Es war eher so, daß Deutschland Brasilien ähnlicher wurde! Da waren sie, die ersten Symptome für die immer schlimmer werdende soziale Ungleichheit.
Ich suchte lange Zeit nach einem Job, bis ich schließlich eine Stelle bei der AGISRA fand, einer Organisation, die ausländischen Frauen psychosoziale und therapeutische Hilfe bietet und die öffentliche Meinung über verschiedene Aspekte der Migration und des Rassismus aufklärt. Eine unserer Aufgaben ist es, die Menschen auf diese komplexe Problematik hinzuweisen, denn Deutschland bezeichnet sich zwar als

eine pluralistische Gesellschaft, kultiviert jedoch die Monokultur. Die Einwanderer sind längst nicht vollständig akzeptiert, sondern werden als Gäste behandelt, die sich auch wie solche zu verhalten haben. Ich denke, es wird noch lange Zeit dauern, bis sie als vollwertige Mitglieder der Gesellschaft angesehen werden.
Es gibt unzählige Ausländerinnen, die unvorbereitet nach Deutschland kommen, mit oder ohne Papiere und voller Illusionen von einem besseren Leben, denen wir emotionale, juristische und soziale Unterstützung bieten. Der Mangel an Informationen über die Notwendigkeit einer Aufenthalts- und Arbeitserlaubnis, über Mischehen, die Unkenntnis der Sprache und der gesellschaftlichen Strukturen, andere klimatische Bedingungen... all das zieht psychische und existentielle Probleme nach sich... Wie soll man sich in eine Gesellschaft eingliedern, in der beruflicher und wirtschaftlicher Erfolg wesentlich für die gesellschaftliche Anerkennung sind, wenn man nicht einmal die Sprache spricht, keinen anerkannten Universitätsabschluß und demzufolge keine qualifizierte Arbeit hat? Wie soll man sich daran gewöhnen, daß das waghalsige Abenteuer nach oben fehlgeschlagen ist? Wie soll man weiter im Eldorado leben, ohne erfolgreich zu sein?
All diese Fragen bewirken, wenn sie nicht beantwortet werden können, ernsthafte Identitätsstörungen. Jeder reagiert auf seine Art auf diese Herausforderung. Manche kommen bestens zurecht, aber einige lösen die Bande zu ihrer Heimat auf, ohne neue zu knüpfen. Manch einer verleugnet seine Herkunft und identifiziert sich übermäßig mit Deutschland. Andere verdrängen die Gegenwart und flüchten in die Vergangenheit. Es gibt soviele traurige Arten, sich zu verlieren... Dagegen kämpfen wir an, gegen die Verzweiflung und die Kapitulation...

—

Ich denke, ich werde den Rest meines Lebens mit dem Problem der Identität zu tun haben, sei es bei der Arbeit oder mit mir selbst. Ich lebe nicht mehr im Exil in Deutschland, aber ich werde wahrscheinlich nie ein festes Mitglied dieser Gesellschaft sein.

Ich finde immer noch, daß es schwer ist, hier zu leben, auch wenn ich mich wohl fühle. Eine der schlimmsten Barrieren ist immer noch die Sprache, obwohl ich mir große Mühe gebe und auch nicht gerade dumm bin. Vielleicht, weil ich mich nie vollständig von dem Gefühl befreit habe, ein Familientabu zu verletzen? Oder aus Bequemlichkeit?

Ich kämpfe weiter, denn der Kampf gibt dem Leben einen Sinn, findest du nicht? Heute akzeptiere ich allmählich meine doppelte Identität, dieses Kaleidoskop von Identitäten (und verlange auch, daß die anderen sie akzeptieren). Ich weiß, daß niemand nur eine Person ist, wir bestehen aus vielen verschiedenen Elementen, die im stetigen Wechsel sind. Und warum sollten wir nicht mit dieser Vielseitigkeit leben?

Fá Stollenwerk

Ich komme aus einem Viertel der unteren Mittelschicht in Rio de Janeiro, das man in Deutschland als arm bezeichnen würde. Ich habe nie Hunger gelitten, deswegen fühlte ich mich auch nicht arm. Ich habe ausgezeichnete Schulen besucht, der Luxus bestand für meine Familie darin, den Kindern eine gute Ausbildung zukommen zu lassen. Meine Mutter hat sich unglaublich aufgeopfert für uns und jede Art von Arbeit angenommen, bis sie schließlich, da sie eine großartige Schneiderin war, eine Schneiderwerkstatt eröffnen konnte, deren Erträge unsere Ausbildung finanzierten.
Ihre Mühe war nicht umsonst. Als ich die Schule beendet hatte, bewarb ich mich an der Hochschule für Psychologie. Mit 19 Jahren war ich bereits Grundschullehrerin, das heißt, ich war Beamtin, in Deutschland wäre das unvorstellbar. Mit 21 Jahren war ich an der Universität. Ich führte also ein geregeltes Leben, als mein Bruder mir eine Strandbekanntschaft vorstellte, einen Deutschen, der in Brasilien studiert hatte. Du kennst die brasilianische Gastfreundschaft: Du lernst jemanden kennen, lädst ihn zum Essen ein, und ehe du dich versiehst, wohnt er bei dir. So war es auch mit diesem Jungen, der ein paar Tage bei uns blieb, bevor er zurück nach Deutschland fuhr. Wir wurden gute Freunde. Zwei Jahre später bekam ich einen Brief von ihm, in dem stand, daß er erneut nach Rio käme. Ich holte ihn vom Flughafen ab.
»Warum hast du nur mir geschrieben und nicht meinem Bruder?«
»Glaubst du vielleicht, er wäre mir eine Briefmarke wert?«
Ich fand die Antwort lustig. Er wohnte wieder bei uns. Und diesmal verliebten wir uns.

Damals wäre ich nicht im Traum auf die Idee gekommen, in Deutschland leben zu wollen. Ich liebe die Sonne, und von Europa wußte ich vor allem, daß es dort dunkel und kalt war, so wie in den Filmen, die ich im Kino gesehen hatte. Aber je mehr wir uns verliebten, desto öfter sprachen wir über Heirat und wie wir es einrichten sollten. Mein Freund, der im Hotelgewerbe war, fand keine Arbeit in Brasilien und ich, na ja, vor zwanzig Jahren dachte ich noch, daß die Frau dem Mann folgen müßte. Also zog ich, nachdem ich geheiratet hatte, in ein anderes Land, ohne es selbst zu wollen.

Ich war es gewohnt zu lernen und zu arbeiten, ich war keine Frau, die gern als Schmuckstück zu Hause bleibt, also bestand ich darauf, gleich nachdem wir in Deutschland ankamen, die Sprache zu lernen. Als meine Kenntnisse ausreichten, schrieb ich mich an der Universität für Psychologie ein und machte nach drei Semestern meinen Abschluß mit der Höchstnote. Heute glaube ich, daß mein Einsatz bemerkenswert gewesen sein muß, denn nicht einmal mein Mann konnte wirklich glauben, daß ich, eine Ausländerin, die erst kurze Zeit hier lebte, zu solch einer Heldentat fähig war.

Während des Studiums arbeitete ich als Putzfrau in einem Altenpflegeheim. Als ich die Universität verließ, hatte ich bereits eine Anstellung; die Verwaltung des Heims, wo man mich sehr schätzte, bot mir eine Stelle als Psychologin an.

Es waren dreizehn dankbare Jahre. Ich war sehr gut zu den Alten, was damals in deutschen Altersheimen nicht selbstverständlich war. Sie respektierten mich und wußten meine Aufmerksamkeit und Zuwendung zu schätzen. Meine Hautfarbe, mein Alter und meine Schulbildung spielten keine Rolle, einzig und allein der Respekt, mit dem ich sie behandelte. Nur zweimal in all dieser Zeit wurde ich diskriminiert, weil ich eine Schwarze war. Einmal von einer Kollegin, die vor Eifersucht über mein Ansehen kochte, und einmal von einer Patientin mit einem komplizierten Vorleben, die andere

zwanghaft beleidigte. Da ich auf rassistische Angriffe gut vorbereitet bin, wußte ich mich zu verteidigen.
Obwohl ich die Arbeit mochte, war es irgendwann Zeit für mich, das Heim zu verlassen – immer vom Tod umgeben zu sein, belastete mich doch sehr. Ich ließ mich zu sehr auf die Patienten ein und litt jedes Mal, wenn einer von ihnen starb. Gleichzeitig fehlte mir der Kontakt zu Kindern, wie ich ihn als Grundschullehrerin in Brasilien gehabt hatte. Ich bewarb mich also für eine Stelle in einem Frauenhaus, wo ich mich um Kinder und Frauen kümmern sollte, die Opfer von Gewalttätigkeiten in der Familie geworden waren. Ich wurde genommen, aber ich hätte nicht gedacht, daß es eine so schlimme Erfahrung werden würde. Ich war entsetzt! Ich hatte nie direkten Kontakt zu mißhandelten Kindern gehabt. Ich war unglaublich erschüttert. Sechs Monate lang ging ich weinend zur Arbeit und kam weinend zurück. Sehr beeindruckt hat mich auch die hohe Prozentzahl von deutschen Frauen, die von ihren Männern geschlagen werden und stillschweigend über Jahre hinweg alle möglichen Arten der Erniedrigung erleiden. In Brasilien hat man von der deutschen Frau das Bild einer starken, emanzipierten Frau. Ich wußte nichts von den sozialen, psychologischen und sogar politischen Prozessen, die es den Frauen verbieten, sich zu befreien, aufzustehen, den Staub abzuschütteln und von vorn anzufangen*. Das Frauenhaus war mir eine Lehre fürs Leben und für die Politik.
Als ich dort wegging, wurde ich Koordinatorin eines Projekts. Ich setzte mich für ausländische Frauen und Kinder ein, aber die Arbeit befriedigte mich nicht. Fortan arbeitete ich nur noch als Einzelberaterin und als Therapeutin der Vereinigung Binationaler Ehepaare in Berlin. Einer der Gründe, weswegen ich der Vereinigung beitrat, war damals der große Zustrom von Brasilianerinnen, die mit Deutschen verheiratet waren.

* bras. Sambatext, Anm. d. Ü.

Ende der achtziger Jahre gab es eine Welle von Hochzeiten zwischen Brasilianerinnen und deutschen Touristen. Sie lernten sich in Brasilien kennen, während seines Urlaubs, verliebten sich und heirateten, ohne wenigstens die traditionelle Verlobungszeit abzuwarten. Erst in Deutschland kam es dann zum großen Knall. Meistens aufgrund der Tatsache, daß die Beziehung lediglich auf der Phantasie der Verliebten basierte.

Es kam häufig vor, daß die Frauen zu mir kamen und sich beschwerten, sie hätten sich in ihrem Mann getäuscht: »In Brasilien hatte er immer so gute Laune! Kaum waren wir hier, gab es nur noch Streß!« Was sie nicht bedachten, waren die Gründe für die anscheinend so krasse Wandlung ihres Mannes. In Brasilien ging es ihm gut, ja. Aber warum? Weil er im Urlaub war, in der Sonne lag und am Strand Caipirinha trank, ohne sich Sorgen um Rechnungen und berufliche Verpflichtungen machen zu müssen. Da hatte er natürlich gute Laune!

Der Mann wiederum dachte, er habe eine Frau mit drei »s« geheiratet: sexy, sympathisch, servil. Das »sexy« und das »sympathisch« hielten dem Alltag vielleicht eine Weile stand, aber servil... Vielleicht war die Frau sogar noch aufmerksam, aber unterwürfig war sie nicht. Wenn der Mann das merkte, wurde er böse: »Wie kannst du es wagen? Ich habe dich aus dem Elend geholt und du willst dich mir widersetzen?«

Manche reagierten mit allen möglichen Formen von Gewalt: von Erpressung (»Wenn du mich verläßt, melde ich dich bei der Ausländerpolizei und dann wirst du ausgewiesen«), über Anmaßungen, Erniedrigungen, wirtschaftliche Ausbeutung und physische Gewalt bis hin zu Morddrohungen. Sie wollten, daß ihre Frauen bei ihnen blieben, in totaler Abhängigkeit, so daß sie ihre Macht als Macho vollkommen ausleben konnten.

Gott sei Dank ist diese Art von Beziehung nicht die Regel: Nur 5% der Mischehen in Berlin sind von ernsthaften Mißständen geprägt und benötigen unsere pychologische und juristische Hilfe. Die überwiegende Mehrheit dieser Ehen funktioniert gut.
In all diesen Jahren als Psychologin hinterließ ich immer den Eindruck eines extrem kritischen Menschen, der Mißstände in Frage stellt und hofft, sie verändern zu können. Im Grunde bin ich immer das anstrengende Kind geblieben, das seine Eltern mit aufdringlichen Fragen belästigt und aus der Menge heraus brüllt: »Der Kaiser ist ja nackt.«
Eines Tages fragte mich eine Freundin, eine Abgeordnete, die meine kritische Art schätzte, ob ich nicht Gründungsmitglied des ersten Ausländerausschusses der Grünen in Schönberg werden wollte. Ich war einverstanden. Jahre später baten mich die Grünen, die mit meiner Arbeit sehr zufrieden waren, als Abgeordnete zu kandidieren. Heute bin ich Abgeordnete, ich arbeite im Frauen-, Jugend- und Finanzausschuß und stellvertretend im Ausländer-, Schul- und Petitionsausschuß. Im Ausländerausschuß ist eines der Hauptanliegen die Einführung der doppelten Staatsbürgerschaft, die von der CDU, der Partei des ehemaligen Bundeskanzlers, aufs Äußerste bekämpft wird. Während der Kohlära nahmen die Kampagnen gegen Ausländer zu. Das Bild, das von den Ausländern verbreitet wurde, war verbunden mit Kriminalität, Prostituition und Bettlerei. Gott sei Dank haben die Deutschen eine sozialdemokratisch-grüne Regierung gewählt, vielleicht läßt sich diese Situation ja noch umkehren...
Als Politikerin und Therapeutin arbeite ich für dieses Land, dem ich alles Gute wünsche. Bisher war ich recht erfolgreich. Ich habe gelernt, daß man, wenn man sich in Deutschland beruflich integrieren will, flexibel genug sein muß, um die neuen Elemente der deutschen Kultur zu lernen, ohne die positiven Werte unserer Kultur zu verlieren, schließlich ent-

stammen wir als Brasilianer alle einer Tradition der Rassenmischung und des Synkretismus.
Ich mache mir diese Mischung kultureller Einflüße bei meiner Arbeit erfolgreich zu nutzen. Als Verhaltenstherapeutin beherrsche ich unzählbare wissenschaftliche Techniken. Aber es gibt immer einen Moment, in dem ich sage, laß mal die Technik beiseite, jetzt kommt die Alte Schwarze! Kennst du diese Figur aus der Umbanda? Ich habe sie nur einige seltene Male in Aktion gesehen, aber ich kenne sie gut. Eine ruhige Dame, überlegt und voller Muße. Es kann in Strömen regnen, sie weicht nicht von der Stelle. Ihre Ruhe strahlt große Sicherheit auf die Menschen um sie herum aus. Ich bin genau wie die Alte Schwarze. Ich versuche, meinen Patienten diese Ruhe und Sicherheit zu vermitteln: »Immer mit der Ruhe; wir müssen nicht alles heute schaffen...«
Das funktioniert wunderbar, sowohl in der Therapie, als auch in der Politik. Bei den Diskussionen innerhalb der Partei rede ich nicht viel. Ich höre den anderen zu und schweige. Alles um mich herum ist in heller Aufregung und ich sitze einfach nur so da, wie die Alte Schwarze, fehlt nur noch die Pfeife. Aber wenn ich den Mund aufmache, dann halten plötzlich alle inne. Manche machen sich sogar Notizen, weil sie wissen, daß ich mir zwar den Luxus erlaube, mir etwas Zeit zu nehmen; aber wenn ich etwas sage, dann ist es fundiert und fertig formuliert. Dann gebe ich alles, mit derselben Kompetenz wie die Alte Schwarze.
Die Anpassung an Deutschland ist jedoch nicht nur abhängig von der Fähigkeit, das Neue zu verkörpern, ohne das Alte in Vergessenheit geraten zu lassen, sondern vor allem vom Glauben an sich selbst und der Fähigkeit zu kämpfen. Ich höre von Brasilianern, die in Deutschland leben, ständig einen Satz, den ich für völligen Unsinn halte: »Ich komme aus der Dritten Welt, ich bin den Europäern unterlegen, ich komme hier nicht zurecht!«

Also wirklich, Leute! Nur weil man eine Grenze übertritt, heißt das nicht, daß man nicht mehr in der Lage ist, Probleme zu lösen und zu überleben. Wenn man es geschafft hat, in Brasilien zu überleben, warum soll man es dann nicht auch in Deutschland schaffen? Angst zu haben, nicht an sich zu glauben, zu wiederholen, was einige Europäer Schlechtes über Ausländer sagen, das ist fatal! Jeder weiß selbst am besten darüber Bescheid, wie er sein Leben in die Hand zu nehmen hat, sonst niemand!

Ich höre diesen Unsinn sowohl von Menschen, die aus der Favela kommen, als auch von Akademikern. Von denen aus der Favela sogar weniger, weil die so sehr damit beschäftigt sind, ihre Probleme zu lösen, daß sie gar keine Zeit haben, an sich zu zweifeln. Die wissen, wenn sie nicht kämpfen, schaffen sie es nicht bis zum nächsten Tag.

Ich habe für alles gekämpft, was ich in Deutschland erreicht habe. Mir wurde nichts geschenkt. Ich fühle mich in Berlin zu Hause, ich lebe hier allein mit meiner Tochter, nachdem ich mich von meinem Mann getrennt habe. Aber ich habe mir auch Mühe gegeben, damit ich mich zu Hause fühlen konnte. Das war Arbeit. Ich versuche so zu leben, daß ich nicht zuviel Sehnsucht nach Brasilien habe, aber wie jede erste Generation von Einwanderern träume ich davon, eines Tages in meine Heimat zurückzukehren. Ich möchte in einem Land sterben, in dem ich nicht für die Wärme bezahlen muß, und zwar weder für die physische, noch für die menschliche.

Katia R. O. Silva-Hilleke

Deutschland, ja, mag ich sehr, und Köln erst recht, ich kenne diese Stadt besser als Fortaleza, wo ich studiert habe. Dieses Land hat mich mit offenen Armen aufgenommen, es gibt nichts, wodurch ich irgendein Trauma bekommen hätte. Das Klima macht mich nicht traurig, der Winter ist wunderschön, ich liebe den Herbst und im Frühling fühle ich mich wie ein Vogel. Richtig schlecht ging es mir nie, nur die üblichen unglücklichen Momente im Leben, die dir überall zustoßen. Ich fühle mich wohl, ja, und solange das so ist, bleibe ich hier.
Dabei hatte ich das gar nicht vor! Deutschland war nur ein Punkt auf meiner Reise durch Europa, die mir mein Vater geschenkt hat, als ich noch als junges Mädchen meinen Abschluß in Jura und Wirtschaft machte. Mit 21 Jahren, 1,55 Meter groß, womit sollte ich mir da als Rechtsanwältin in Ceará Respekt verschaffen? Eine Reise ins Ausland würde mir etwas über das Leben beibringen und meinen Horizont erweitern. Im Ausland bleiben wollte ich nicht, aber als ich nach Köln kam, bot mir ein ehemaliger Jura-Professor, der an der Universität unterrichtete, an, ein Magisterstudium zu machen. Erst fand ich die Idee nicht gut, schließlich hatte ich gerade erst zwei Diplome gemacht und hatte keine Lust mehr zu lernen... Aber na gut, ich kann es ja mal probieren, dachte ich. Eher unwillig nahm ich das Angebot an, auch aus Mitgefühl mit meinen Eltern, die mein Studium zahlten, bis ich anfangen würde zu arbeiten. Es dauerte nicht lange und ich hatte einen deutschen Freund, was mir die Eingewöhnung erleichterte, und bald waren wir verheiratet. Das Magisterstudium zog sich ziemlich lange hin, weil mein Mann reisesüchtig war und ich ihn, wann immer es ging, begleitete.

An den deutschen Universitäten hat man soviel Freiheit wie Anonymität, es gibt keine Anwesenheitspflicht und ich konnte meine Hausarbeiten zu Hause schreiben, ohne den Professor. Ich beendete das Studium vier Jahre später und spezialisierte mich in lateinamerikanischem Recht, obwohl meine Leidenschaft immer noch Steuerrecht ist, worin ich mich in Brasilien spezialisiert hatte.
Mit Glück und ohne lange warten zu müssen bekam ich eine Anstellung. Ich wurde Assistentin einer Führungskraft bei BASF Lateinamerika, die später auch mit Geschäften in Asien und Afrika betraut wurde. Meine Aufgabe war es, ihm das Leben so leicht wie möglich zu gestalten und ihm bei der Auswahl seiner Hemden bis hin zur Vorbereitung von Seminaren in verschiedenen Ländern zu helfen. Unsere Basis war in São Paulo, aber ich lebte mit meinem Mann in Rio de Janeiro, beziehungsweise in einem Flugzeug. Viereinhalb Jahre reiste ich durch die Weltgeschichte, ohne Recht auf Weihnachts- oder Sylvesterurlaub und ohne Familienleben. Ich hatte vielleicht mal drei, vier Tage Pause, dann hieß es wieder Anker lichten. Manchmal wachte ich in Rio auf und wußte nicht, ob ich mich in London, Hongkong oder mitten auf dem Atlantik befand. Nach vier Jahren Pilgerleben beschloß ich zu kündigen. Bei meinem Abschiedsfest erging sich mein Chef zum ersten Mal in Lobeshymnen über meine Arbeit, bis dahin hatte er mir immer zu verstehen gegeben, mein Einsatz ließe etwas zu wünschen übrig. Es reichte eben nicht, wenn ich hundertfünfzigprozentig dabei war, es mußten schon hunderteinundfünfzig sein.
Nachdem ich diesen Abschnitt nun hinter mir hatte, mußte ein neuer beginnen, aber wo? Zurück nach Brasilien zu gehen, wäre zu einfach gewesen, und Köln war bereits meine zweite Heimat geworden. Warum sollte ich nicht dort weitermachen, wo ich so glücklich gewesen war? Ich war erst dreißig Jahre alt und neu anzufangen war noch nie ein Problem für mich gewesen. In Köln schrieb ich mich sofort in

einen Fortbildungskurs für deutsches Steuerrecht ein und noch bevor ich damit fertig war, hatte ich meinen Traumjob: für Nicht-Regierungs-Organisationen (NRO) zu arbeiten, in einer von der Regierung unterstützten Stellung, einer sogenannten ABM-Stelle. Ich verdiente nicht viel, aber dafür hatte ich keinen Chef, keine feste Arbeitszeit und war das, was ich immer hatte sein wollen, Anwältin.
Ich fing bei der Kölner Appell an, einer der besten NRO´s von Nordrhein-Westfalen, die mit Einwanderern, Kriegsflüchtlingen und allen möglichen Randgruppen der Gesellschaft zu tun hatte. Ich gab deutschen und ausländischen Frauen sozio-juristischen Beistand. Unsere Arbeit kam so gut an, daß wir sehr bald von der Präsidentin der Vereinigung Kölner Prostituierter aufgesucht wurden. Danach kam die AWO, die ältere Menschen betreut. Sogar die Caritas bat um unsere Hilfe. Leider lief zwei Jahre später mein Vertrag aus, weil die Regierung beschloß, es gäbe kein Geld mehr für Akademiker, die ihrer Meinung nach zu teuer waren. Da schlug mir ein deutscher Anwalt, der gerade erst seinen Abschluß gemacht hatte, vor: »Du hast berufliche Erfahrung mit Frauen, ich will mit meiner Karriere beginnen, laß uns den Hunger mit dem Appetit verbinden«, und so eröffneten wir zusammen eine Anwaltskanzlei.
Ich darf nur in den Bereichen brasilianisches Recht, Ausländerrecht und Internationales Recht arbeiten, weil meine Spezialisierung in Steuerrecht aus Brasilien hier nicht anerkannt wurde. Übrigens war ich die erste brasilianische Anwältin in ganz Nordrhein-Westfalen, deren brasilianisches Diplom überhaupt anerkannt wurde. Es war ein furchtbarer Kampf gegen die Bürokraten, die alle möglichen Zeugnisse von mir verlangten, aber Frauen aus dem Nordosten sind tapfer, die fallen nicht bei jeder Gelegenheit um, und nach vielem hin und her wurde ich anerkannt und öffnete damit anderen die Tür, die nach mir kamen..
Abgesehen von der Kanzlei arbeite ich ehrenamtlich im bra-

silianischen Konsulat, wo ich Brasilianern und ihren Ehepartnern, unabhängig von ihrer Nationalität, Rechtsbeistand gebe. Ich gebe ihnen unter anderem Informationen über Aufenthaltsberechtigung in Deutschland, Verlängerung des Visums, soziale Leistungen und Fortbildungsmöglichkeiten, die vom Staat angeboten werden. Die meisten Probleme, mit denen ich zu tun habe, betreffen Familienrecht und Ausländerrecht, und ich habe eine vorwiegend weibliche Klientel.
Es sind alle Arten von Frauen: solche, die nach Deutschland kommen, und glauben, sie würden als Au-pair-Mädchen arbeiten und dann zur Prostituition gezwungen werden; die, die schon von vornherein als Prostituierte kommen; die, die über Heiratsagenturen kommen und dann als Anhängsel von deutschen Männern hier leben, die ihre Sexualität austesten und sie, wenn ihr Visum nach zwei Jahren abgelaufen ist, nach Hause schicken wie Katalogware; die, die aus Eigeninitiative kommen, um einen Deutschen zu heiraten und total auf die Nase fallen. Die meisten denken, sie können aufhören zu arbeiten, wenn sie erstmal hier sind, du kennst ja Brasilianerinnen: Der Ehemann bringt das Geld nach Hause, zeugt Kinder und ist gut zu seiner Frau. In ihrer Phantasie ist der Deutsche treu, fleißig und reich, alles, was der Brasilianer nicht ist. Es dauert nicht lange, bis sie merkt, daß er weder treu, noch fleißig, geschweige denn reich ist und alles andere im Kopf hat, als irgend jemanden durchzufüttern! Die Frau soll gefälligst putzen gehen, als Kindermädchen arbeiten, oder als Verkäuferin und selber Geld verdienen. Und da fängt der Ärger an! Die Frau beschwert sich, daß ihr Mann nichts taugt und ungerechterweise will, daß sie auch Geld verdient, und daß er so ein Geizkragen ist, daß er ihrer Familie in Brasilien kein Geld schickt... Die Frau ist unzufrieden und der Mann noch mehr und so fangen die Reibereien an, wobei manche Männer auch handgreiflich werden. Die meisten werden nur beleidigend, »Was glaubst du eigentlich, wer du bist, wenn du mir weiter auf die Ner-

ven gehst, schick ich dich zurück in das Loch, wo du herkommst«... Um eine unbefristete Aufenthaltsgenehmigung zu bekommen, muß eine Frau mindestens vier Jahre verheiratet gewesen sein, und manche Männer hält man einfach nicht so lange aus. Trotzdem nehmen einige die schlimmsten Erniedrigungen auf sich, weil sie sich schämen, wenn sie zurückmüßten, weil sie sich vor dem Scheitern schämen, oder weil sie in Brasilien nicht menschenwürdig überleben können. Dort, wo sie sind, ist es zwar schlecht, aber in Brasilien könnte es noch schlimmer sein. Was mich am meisten an diesen Frauen beeindruckt, ist ihre Fähigkeit, die Hoffnung zu bewahren. Nur wegen ein bißchen Prügel vom Ehemann oder Zuhälter laufen diese Kriegerinnen nicht gleich weg, auf keinen Fall. Sie haben ein erstaunliches Durchhaltevermögen, auch wenn man sie aus Deutschland ausweist, geben sie sich nicht geschlagen, und wenn man es am wenigsten erwartet, sind sie wieder hier, überzeugt davon, daß sich noch irgend etwas Besseres finden läßt. Und ob du es glaubst oder nicht, viele finden es sogar. Vielleicht nicht so, wie sie es sich vorgestellt hatten, aber irgend etwas finden sie. Viele haben Glück und lernen doch noch jemanden kennen, der in Ordnung ist und ihnen zu einer Ausbildung und einem guten Job verhilft.

Meine Arbeit in Deutschland ist sinnvoll und sie gefällt mir, das ist einer der Gründe, weswegen ich bleibe. Vielleicht bin ich auch ein bißchen eitel, aber es gefällt mir zu wissen, daß ich gebraucht werde. Wenn ich weggehen würde nach Brasilien, dann würden meine Klientinnen meine Unterstützung vermissen. Ich kann ihnen helfen, nicht nur aufgrund meiner beruflichen Kenntnisse, sondern weil ich, wenn auch weniger drastisch, einige der Erfahrungen gemacht habe, die sie machen. Ich hatte zwei schwierige Ehen, die beide in Scheidung endeten, ich weiß, wie schwer das ist, weil man normalerweise, wenn man in die Ehe geht, denkt, es sei für das ganze Leben. All diese Trauer, dieses Gefühl, versagt zu ha-

ben, die Depressionen, unter denen meine Klientinnen leiden, all das kenne ich, weil ich in ihrer Haut gesteckt habe. Mein erster Mann war ein englischer Journalist, sehr gebildet und siebzehn Jahre älter als ich. Ich war noch gar nicht richtig erwachsen, als wir in Ceará heirateten. Wenn ich das Ganze heute aus der Distanz betrachte, dann weiß ich, daß wir uns aufgrund der unterschiedlichen Mentalität und Reife getrennt haben. Er sagt, es war wegen meines schwierigen Temperaments, aber das stimmt nicht, es war das Aufeinanderprallen der Mentalitäten.
Die zweite Ehe währte länger. Mein Mann war ein deutscher Student, in meinem Alter, aber vollkommen verschieden in Denkweise und Erziehung. Er war sehr still und empfindlich und war es gewohnt, alles bestimmen zu können... Bevor wir heirateten, hat seine Mutter sich um alles gekümmert, danach war ich es. Als wir nach Sobral fuhren, in meine Heimat, wollte er sich zum Essen nicht auf einen Hocker setzen und auf seinem Salat durfte keine Fliege gesessen haben... Er wußte, daß er im Nordosten war, aber wenn er auch nur einen Moskito sah, gab es einen Skandal...
Dann, als ich anfing zu arbeiten, lebte er weiter sein Studentenleben und war sauer, weil ich mehr verdiente als er. Mit viel Mühe und Not gewöhnte er sich daran, daß ich ihn unterstützte und wollte dann aber gar nichts mehr machen. Er dachte, weil er Deutscher war, wäre er der Bessere von uns beiden und ich müßte arbeiten, um ihn zu finanzieren. Aber ich bin mit soviel Selbstwertgefühl erzogen worden, daß ich immer zuerst komme und dann erst mal lange gar nichts. Ich bin keine Frau, die alles schluckt. Er hat mich beleidigt, aber er hat auch eingesteckt. Und als er allmählich zu weit ging und mich als Hure beschimpfte, habe ich ihm eine geknallt, was ja wirklich unangenehm ist... Eines Tages war ich wirklich bedient und sagte: »Wenn du kein Geld verdienst, machst du auch den Mund nicht auf. Ab jetzt befehle ich.« Das gefiel ihm nicht. Aber es war mein Recht, ihm zu sagen,

wo es langging, schließlich habe ich auch die Miete gezahlt. Deswegen verstehe ich es auch manchmal, wenn einige deutsche Männer, die die finanzielle Macht haben, auch das Sagen haben wollen, sie sind es ja schließlich, die die Frauen ernähren, oder? Andererseits gebe ich auch den Frauen Recht, wenn sie sich weigern zu tun, was die Männer von ihnen verlangen. Ich verstehe den Mann, der sagt, die Frau würde nur die Hand aufhalten, und die Frau, wenn sie über die Erniedrigung schimpft, denn ich kenne beide Seiten. Gott sei Dank war ich geistesgegenwärtig genug, das alles erhobenen Hauptes zu überwinden. Und wie viele meiner Klientinnen habe ich nicht die Hoffnung verloren, wieder zu lieben und geliebt zu werden...

Susana Freire*

Warum ich nach Deutschland gekommen bin? Aus Naivität. Ganz einfach. Lieber Himmel, mit 21, was weiß man da schon vom Leben? Ich war den ganzen Tag damit beschäftigt, an einem Strand Bier und Snacks zu verkaufen... Dieser Strand war alles, was ich von der Welt kannte – das Kommen und Gehen des Meeres und der Gäste, die jeden Tag dasselbe erzählten. Die Tage schleppten sich dahin in ihrer Monotonie, daß einem übel werden konnte. Bis an einem sehr heißen Sonntag etwas Außergewöhnliches geschah. Eine große, hellhäutige Frau, die aussah wie eine Ausländerin, kam in meine Hütte. Sie sprach ein merkwürdiges Portugiesisch, gespickt mit Namen, die ich nicht kannte. Mir gefiel sofort ihr Sonnenhut, an dem lauter bunte kleine Früchte hingen. Ich fragte sie, wo sie ihn her hatte: »Aus Deutschland. Kennst du Deutschland?« »Keine Ahnung, wo das liegt«. »In Europa, sehr weit von hier, etwa elf Stunden mit dem Flugzeug. Bist du schon mal geflogen?« Sehr lustig! »Nein, noch nie!« Ich schneuzte mir die Nase und bemerkte mit einem Lächeln: »Man sieht gleich, daß Sie nicht von hier sind... «

Anscheinend mochte sie mich, jedenfalls unterhielt sie sich noch lange mit mir, erzählte mir von ihrem Land, von alten Schlössern, die es in Brasilien nicht gab, und von wunderschönen Parks, die am Ufer eines Flußes lagen. Als sie weg war, malte ich mir aus, in was für einem Haus sie wohnte.

Am nächsten Tag kam sie wieder, mit einem Seidentuch im Haar und dem Hut in der Hand: »Du mochtest ihn doch so gern, ich schenke ihn dir«. Ich verstand nicht recht, warum sie ihn mir so ohne Grund schenken wollte. Also erklärte sie

* Name geändert

mir, ich hätte großen Eindruck auf sie gemacht, die nette Art, wie ich die Gäste behandelte, wo sie herkam, war das anders, dort waren die Leute viel unfreundlicher, in Deutschland bräuchte man mehr Menschen wie mich, überhaupt Brasilianer... Erst lange Zeit später erkannte ich die Absichten hinter ihrem schönen Gerede. Sie brauchte jemanden, der auf ihren kleinen Sohn aufpaßte! Sie fragte mich, ob ich nicht mit ihr nach Deutschland kommen wollte, und versprach mir, daß ich in drei Monaten genug Geld zusammenhätte, um meinen eigenen Laden in Maceió aufzumachen. Ich bat um Zeit zum Nachdenken, aber ich wußte bereits, daß ich die Einladung annehmen würde. Sie schien ein guter Mensch zu sein, und ich hatte nichts zu verlieren, wenn ich mal eine Zeit aus dem Nordosten wegging. Ganz im Gegenteil...

Am Ende des Sommers kaufte sie mir ein Flugticket und wir flogen zusammen nach Frankfurt.

Gleich zu Beginn wunderte ich mich, daß diese gut gekleidete Frau in einer kleinen dunklen Wohnung wohnte. Ich fand es auch merkwürdig, daß sie jeden Abend ausging und mich mit ihrem Sohn allein ließ, aber deswegen war ich ja schließlich dort, oder? Sie erklärte mir, daß sie bis spät in einem Restaurant arbeitete und ich hatte keinen Grund, es nicht zu glauben...

Mein Leben als Kindermädchen war von kurzer Dauer. Nach einigen Tagen bat mich die Frau um meinen Paß und mein Ticket und sagte, ich solle mit ihr zur Arbeit kommen. Und was war das wohl für eine Arbeit? Das Restaurant war ein Puff, den ihr Mann und ihr Schwager betrieben. Heilige Maria, was für eine Schande, wenn meine Mutter gewußt hätte, wo sich ihre Tochter herumtrieb... Erst wollte ich noch rausrennen und jemanden um Hilfe bitten... Aber wen? Und wie? Ich sprach kein Wort deutsch und auch kaum englisch und hatte keinen Pfennig in der Tasche... Es blieb mir nichts

anderes übrig, als den Kopf zu senken und zu tun, was sie von mir verlangte.
Zwei Monate lang arbeitete ich fast jeden Abend ohne Bezahlung im Bordell. Die Frau riß alles Geld an sich, das die Kunden mir gaben, nur ab und zu bekam ich einen Zehner oder Zwanziger, damit ich mir Zigaretten kaufen konnte. Eines Tages bekam ich einen Anfall und brüllte sie an, wenn sie nicht dafür sorgte, daß ich bald nach Brasilien zurück könne, ginge ich zur Polizei und zeigte die ganze Bande an.
»Du kannst ruhig die Polizei anrufen. Ich weiß zwar nicht, in welcher Sprache du mit ihnen reden willst...«. Sie hatte Recht. Ich konnte noch nicht einmal die Nummer im Telefonbuch raussuchen, geschweige denn, ihnen meine Lage erklären. Ich brach in Tränen aus. Ich weinte solange, bis die Frau entweder die Nase voll hatte oder Mitleid bekam, denn schließlich meinte sie: »Na gut, wenn du nicht mehr arbeiten willst, dann eben nicht. Aber bei mir bleibst du nicht«. »Aber es dauert doch noch einen Monat, bis ich zurück nach Brasilien kann. Was soll ich denn machen?«
»Pack deine Sachen, ich bring dich zu Milena, meiner brasilianischen Freundin. Aber kein Wort über das, was vorgefallen ist, klar? Sonst steht dein Wort gegen meins.«
Milena wohnte in einer anderen Stadt. Sie hatte eine sehr zutrauliche Art, sie schien ein toller Mensch zu sein. Schon am ersten Abend redeten wir lange, mein Frust stand mir wohl im Gesicht geschrieben, jedenfalls fragte sie mich besorgt: »Du hast Heimweh nach Brasilien, nicht? Das brauchst du nicht, ich werde dich ein paar netten Leuten vorstellen. Du wirst sehen, dein letzter Monat hier wird sehr schön werden. Vielleicht willst du danach gar nicht mehr zurück«. Und dann gingen wir los und sie stellte mich einem nach dem anderen vor. Einer ihrer Freunde war ein sehr sympathischer Deutscher, der auch portugiesisch sprach. Als Milena sah, daß der Mann mir gar nicht mehr von der Seite wich, ver-

traute sie mir an: »Weißt du, der ist verrückt nach Brasilianerinnen! Und er hat Geld!«
Er war elegant und intelligent. Immer wenn wir ausgingen, machte er sich toll zurecht, mit Goldkettchen und allem, er hatte einen schicken Wagen, brachte mir Blumen und Pralinen mit, diese Art von Höflichkeit findet man in Brasilien nicht so leicht. Eines Tages nahm er mich mit, damit ich seine Firma kennenlernte, einen Gebrauchtwagenladen. Im Flur hing ein Foto von ihm. Er zeigte mir stundenlang die Wagen, richtig große Schlitten, du glaubst es nicht. Er erzählte stolz, wie erfolgreich er sei, aber meckerte auch über die ganzen Ausgaben die er hätte und die vielen Steuern, die er zahlen mußte...
Ich hatte das Gefühl, daß er ein großartiger Mensch war. Er überschlug sich förmlich dabei, mir zu gefallen. Allerdings war er sehr viel älter als ich, aber das machte mir nichts aus, weil unsere Beziehung wunderbar war! Als ich schließlich ein bißchen traurig sagte, es wäre bald die Zeit für mich gekommen, nach Brasilien zurückzukehren, antwortete er: »Auf keinen Fall! Glaubst du, ich werde dich gehen lassen? Eine Frau wie dich findet man nur einmal im Leben... «
In der Nacht, in der er mich bat, seine Frau zu werden, konnte ich nicht schlafen. Ganz aufgeregt rief ich in Brasilien an. »Mutter, das ist mein Traummann!« Sie war etwas besorgt, weil sie fand, er wäre zu alt für mich und Deutschland zu weit weg, und daß ich ohne den Rest der Familie nicht glücklich sein würde: »Mach dir keine Sorgen, Mutter. Du wirst ihn eines Tages kennenlernen, er ist ein guter Mann, er ist gut gestellt, ich muß es tun«. Nichts und niemand hätte mich zurückhalten können. Meine Mutter wußte, was ihre Tochter für einen Dickkopf hatte und gab mir ihren Segen.
Wolfram sagte, wir sollten in Dänemark heiraten, weil es schneller ging und einfacher war. Am Tag unserer Hochzeit sagte mir eine innere Stimme, daß ich ihn nicht heiraten sollte. Es war Intuition, wirklich, aber ich hielt es für Nervosität.

Ich schüttete ihm mein Herz aus und er hätte mich fast in Stücke gerissen: »Spinnst du? Du läßt mich hunderte von Kilometern fahren, um mich zum Narren zu halten? Und was wird deine Familie dazu sagen? Sollen die denken, daß du nicht weißt, was du willst? Nichts da, schlag dir das aus dem Kopf, wir heiraten, Schluß, aus und vorbei.«
Wir heirateten also. Am selben Tag fuhren wir mit dem Wagen zurück nach Deutschland. Auf dem Weg sagte er mir, er brächte mich in ein Luxusrestaurant mit Swimmingpool. Als wir dort ankamen, fand ich es äußerst merkwürdig, daß überall Leute herumliefen, die entweder gar nichts oder nur Badesachen anhatten. Erst später erfuhr ich, daß es sich bei dem Luxusrestaurant um einen üblen Saunaclub handelte, in dem Drogen verkauft wurden. Und daß mein Mann kokainabhängig war!
Von diesem Tag an begann mein Martyrium. Vollgepumpt mit dem Zeug erklärte mir Wolfram, er werde mich nächste Woche in ein Bordell bringen, wo noch eine andere Brasilianerin arbeitete. »Auch du mußt als Hure arbeiten. Aber mach dir keine Sorgen, es ist nur für ein Jahr, danach kaufen wir uns ein Haus in Búzios und verschwinden von hier.«
Ich dachte, die Drogen wären daran schuld, daß er so etwas sagte: »Du bist ja verrückt, Wolfram, ich bin doch deine Frau!«
»Und ich bin dein Zuhälter! Hast du das immer noch nicht kapiert?«
Ich fiel aus allen Wolken. Ich war voller Zorn, aber unfähig zu einer Reaktion. Ich schaffte es nur, ihn zu bitten, die Heirat zu annulieren. Und für was? Ich bekam die schlimmste Prügel in meinem ganzen Leben! Es war meine Hochzeitsnacht und mein Mann schlug mich wie ein Besessener: »Was denkst du dir eigentlich? Du hast mich geheiratet, jetzt bleibst du auch den Rest deines Lebens mit mir zusammen!«
Und dann schlug er auf mich ein...

Meine brasilianische Kollegin war eine Schlange. Genau wie ich war sie in der Hand eines Deutschen, aber sie benahm sich, als wäre sie etwas Besseres als ich. Sie kommandierte mich herum und lachte sich tot, als sie sah, wie ich zugerichtet war. Sie fand unsere elende Situation anscheinend komisch. Ich konnte ihr nicht trauen, alles, was ich ihr erzählte, erzählte sie Wolfram weiter. Eines Tages beging ich den Fehler, ihr zu sagen, daß ich fliehen wollte. Sie ging direkt zu ihm und erzählte ihm alles brühwarm. Und ich bekam wieder eine schöne Tracht Prügel...

Es war jeden Tag dasselbe. Er fand immer einen Grund, mich zu schlagen und zu treten, und mir ins Gesicht zu werfen, was ihm in die Finger kam. Eines Tages war ich die Prügelei dermaßen satt, daß ich im Bordell ankam und die gesamte Kundschaft verscheuchte. »Raus hier, ihr Scheißtypen! Verzieht euch alle, ich will keinen Mann mehr sehen!«

Ein großer Fehler! Mein Mann verprügelte mich wie ein Wahnsinniger und beschimpfte mich mit allem, was ihm einfiel, du sonstwas, ich bring dich um! Geh mir aus den Augen, du Dreckstück, und immer wieder schlug er auf mich ein... Ich konnte mich ja nicht wehren. So ein Riesenkerl, er war ja viel größer und stärker als ich und obendrein noch zugekokst! »Das hat man davon, wenn man sich mit Brasilianerinnen einläßt«, brüllte er, »ihr taugt doch nur zum Vögeln und sonst nichts!« Als ich das hörte, stieg ein Haß in mir auf, mein Blut kochte und ich hieb mit der geschlossenen Faust auf ihn ein, aber er fing meinen Schlag auf und irgendwie... stieß er mich aus dem Fenster.

Mein Glück war, daß es im ersten Stock war.

Ich weiß nicht, wie lange ich auf dem Boden lag, wie ein Stück Vieh. Mein linkes Bein und die Wirbelsäule schmerzten ungeheuer, es kam mir vor, als wäre mein ganzer Körper gebrochen. Obwohl ich solche Schmerzen hatte, hörte ich noch das Gelächter der anderen Brasilianerin, die aus dem Fenster lehnte, um sich das Schauspiel mitanzusehen. Als ich anfing zu schreien, um die Nachbarn zur Hilfe zu rufen, kam der Mistkerl runter, packte mich wie einen Hund, zog mich ins Haus und trat weiter auf mich ein, als hätte ich noch nicht genug. Zum Glück kam der Mann der Brasilianerin. Ich stöhnte leise: »Heinz, bitte hilf mir, ich kann mich nicht bewegen.«

Als er mich in dem Zustand sah, sagte er zu meinem Mann: »Rambo« - sein Spitzname war Rambo - »Susana ist total verletzt, siehst du das nicht? Vielleicht stirbt sie, wenn wir sie nicht ins Krankenhaus bringen«.

»Laß sie sterben! Wenn sie stirbt, beerdigen wir sie im Hof.«

Kaum hatte ich das gehört, wurde ich ohnmächtig. Als ich aufwachte, lag ich im Krankenhaus. Nachher erschien mein Mann, mit der größten Mitleidsmiene. Er erzählte mir sonstwas: daß das nicht in Ordnung von ihm gewesen sei, daß er mir nie wieder einen Finger krümmen würde, daß, wenn ich wieder gesund wäre, wir ein neues Leben beginnen würden... all solchen Mist.

Nach einigen Wochen tauchte er mit seinem Wagen im Krankenhaus auf, als ich gerade im Garten versuchte, wieder laufen zu lernen. »Pack deine Sachen und komm. Wir fahren nach Hause«. »Ja, spinnst du denn? Der Arzt hat gesagt, ich darf noch nicht gehen«. »Egal. Ab jetzt werde ich mich um dich kümmern.«

Wir kehrten zurück in den Puff. Ich war vollkommen abhängig von ihm. Er kochte für mich, massierte mein Bein, und obwohl ich noch gar nicht in der Lage dazu war, zwang er mich rumzulaufen. Eine Woche später mußte ich wieder mit den Kunden ins Bett, stell dir vor, mit meiner kaputten Wirbelsäule! Ich starb fast vor Schmerzen, während sie es mit mir trieben! Aber ich hatte keine Kraft, mich zu wehren. Ich wußte, es hatte keinen Zweck, mich zu widersetzen.

Manchmal hatte er tatsächlich ein schlechtes Gewissen und behandelte mich wie einen Engel. Aber gleich darauf hatte er wieder schlechte Laune und brüllte mich an: »Diesmal waren es nur das Bein und die Wirbelsäule, das nächste Mal bist du richtig dran«. Und ich schwieg vor Angst, wieder geschlagen zu werden.

In dem Bordell arbeitete ein Mädchen aus Bolivien, die mit einem der Mafiosi aus der Bande verheiratet war. Sie half mir sehr; wenn ich etwas brauchte, besorgte sie es mir. Wir wurden Freundinnen und ich gewann Vertrauen zu ihr, bis ich ihr eines Tages meine Geschichte von vorne bis hinten erzählte und sie bat, mir um Gottes willen zu helfen, aus diesem Haus zu fliehen. Sie war total verwundert, denn sie hatte gedacht, ich wäre glücklich mit meinem Mann und machte die Arbeit freiwillig und weil ich Lust dazu hatte. »Nein, ich tue nur so, damit er mich nicht totschlägt«, antwortete ich. Da hatte sie die Idee, ich könne ja einen Teil des Geldes, das ich verdiente, unter dem Teppich verstecken. Nach und nach heckten wir einen Plan aus, wie ich flüchten konnte. Sie gab mir die Adresse einer Freundin in Österreich, wo ich mich eine Zeitlang verstecken konnte, bevor ich nach Brasilien zurückkehrte.

Mehrere Monate lang legte ich Geld zurück, aber es war immer noch nicht genug für ein Zugticket nach Wien. Da kam mir eine andere Idee: jedes Mal, wenn er eine Nase nahm, löste das Zeug ihm die Zunge. Ich wollte mir diese Schwäche zunutze machen. Und das gelang mir auch. Eines Abends kam er zugekokst nach Hause und ich munterte ihn, anders als sonst, auch noch auf, weiterzumachen. Als er richtig drauf war, zog ich mich aus und machte mich über ihn her. Wir trieben es stundenlang. Danach kuschelte ich mich bei ihm ein und sagte kokett: »Liebster, du hast doch mal gesagt, du hättest keine Geheimnisse vor mir. Also, verrat mir doch mal den Code von deiner Aktentasche!« Voll wie er war, rückte er mit der Nummer raus und ich merkte sie mir.

Die Zeit verging. Eines Tages sagte er, er werde am nächsten Tag wegmüssen und ein paar Geschäfte erledigen. Ich wußte, daß er Drogen kaufen wollte. Ich blieb so ruhig ich konnte, wünschte ihm eine gute Nacht und legte mich schlafen. Am Morgen, als ich hörte, wie er ging, tat ich so, als schliefe ich noch. Ich wartete eine Stunde, bis ich aufstand. Ich machte die Tasche auf, holte meinen Paß, die Heiratsurkunde und ein bißchen Geld raus und ging die Treppe hinunter, Schritt für Schritt, um den anderen Mafioso nicht zu wecken, der im Haus geblieben war, um auf mich aufzupassen. Draußen auf der Straße nahm ich sofort ein Taxi, mit einer Heidenangst, jemand könne mein Fehlen bemerken, und bat den Fahrer in meinem schlechten Englisch, mich zum Bahnhof zu fahren und mir ein Zugticket nach Österreich zu kaufen.

Du wirst natürlich sagen, daß es ein Wunder ist, daß ich hier überhaupt noch lebend vor dir sitze. Aber anscheinend hatte der Himmel nach all dem Unglück doch noch Erbarmen mit mir. Die Bolivianerin, die in Wien wohnte, besorgte mir einen Job als Kindermädchen und ich konnte genügend Geld sparen, um zurück nach Brasilien zu fliegen. Als ich in Alagoas ankam, versuchte ich noch, meine Scheidung einzureichen, aber die brasilianischen Anwälte rieten mir davon ab und sagten, ein Prozeß über solch eine Distanz würde zu teuer werden. Da ich also dort keine Möglichkeit sah, mich von diesem Mistkerl zu trennen, organisierte ich nochmal ein bißchen Geld und kehrte nach Deutschland zurück. Und jetzt bin ich hier und halte mich mit Putzjobs über Wasser. Ich habe ein paar gute Anwälte gefunden, die mir sehr helfen. Und ich glaube, ich habe genug gebüßt auf dieser Welt, denn Gott hat mir einen anderen Deutschen auf den Weg gesetzt, der sehr gut zu mir ist, einen ausgezeichneten Job hat und mich heiraten will. Diesmal muß es doch klappen, es kann doch nicht sein, daß es kein Glück gibt auf dieser Welt...

Roseane Bonfim*

Viele Deutsche glauben, Kreuzberg wäre das Ende der Welt. Ein Brennpunkt der Gewalt und Kriminalität, aber ich glaube, sie sagen das nur, weil es ein Ausländerviertel ist. Die Deutschen haben Angst vor Türken. Ich persönlich sehe nichts von dieser ganzen Gewalt. Es stimmt, daß sich abends einige Türken und Araber an der Ecke treffen, irgendwelche Jugendlichen, die nicht arbeiten wollen und rumhängen, trinken, streiten und sich prügeln, aber nur unter sich. Für einen Deutschen ist das schon Gewalt. Ich habe in Kreuzberg nie Aggressivität zu spüren bekommen, ich gehe überall lang, sage guten Morgen und guten Abend und kümmere mich um meinen Kram. Ich habe in Rio de Janeiro schon von klein auf gelernt, blind, taub und stumm zu sein. In der Favela von Rocinha, wo ich aufgewachsen bin, ist ein Arbeiter ein Arbeiter, und ein Bandit ein Bandit. Keiner mischt sich in anderer Leute Angelegenheiten ein und so läßt es sich zusammenleben...
Ich hatte kein einfaches Leben in Rocinha. Ich heiratete früh und brachte früh ein Mädchen zur Welt. Mit meinem Mann hatte ich den ganzen Tag Streit. Meine Familie, du weißt ja, wie brasilianische Familien sind, riet mir, ihn nicht zu verlassen: »Mit ihm ist es das kleine, ohne ihn das große Übel«. Ich wußte nicht, was ich tun sollte, ich verließ ihn, kam zurück, verließ ihn, kam zurück, bis ich eines Tages genug hatte und auf den Tisch haute: »Mit ihm das kleine, ohne ihn das große Übel? Dann eben das große Übel, weil ich nämlich nie wieder zu diesem Kerl zurückgehen werde«. Und es war wirklich das große Übel, ich mußte meine Tochter allein großziehen, die ganze Familie machte sich in die Hose vor Angst,

* Name geändert

ich würde es nicht schaffen, schließlich waren wir alle arm... Ich arbeitete in einer Fabrik, als Putzfrau, gab Unterricht im Mobral*, verkaufte Kleidung; nur die Arbeit, die ich so gern gehabt hätte, nämlich als Sekretärin oder Lehrerin in einer Schule im Zentrum, bekam ich nicht. Aus der Zeitung winkte mir eine Stellenanzeige zu, »Sekretärin gesucht, mittlere Reife, gute Handschrift, Schreibmaschinenkurs, bla-bla-bla... « Ich kam in die Firma, füllte die Formulare aus, und als der Arbeitgeber an der Stelle, wo man die Adresse angeben sollte, »Rocinha« las, war auf einmal wie durch ein Wunder keine Stelle mehr frei. »Die ist schon besetzt«, war die unwiderrufliche Antwort. Wenige Minuten später kam ein anderes Mädchen, aus einem besseren Viertel, und siehe da, plötzlich war die Stelle wieder da.
Ich verließ die Firmen jedes Mal deprimiert. Zum Glück hatte ich in meiner Freizeit den Samba, der mir wieder Kraft gab für den Kampf am nächsten Tag. Samba tanzen ist meine Leidenschaft, es ist das, was ich wirklich kann. Ich war Einzeltänzerin bei den Sambaschulen Mangueira und Portela, und bin außerdem Mentorin einer Sambagruppe in Rio. Diese Leidenschaft war es auch, die mich 1990 nach Deutschland führte. Eine Deutsche, eine Freundin meines Bruders, sah meinen Hüftschwung und bot mir an, in Deutschland Sambalehrerin zu werden. Ich fand den Vorschlag toll, aber wie sollte ich Unterricht geben, ohne deutsch zu sprechen? Sie bot mir einen Dolmetscher an und ich war einverstanden. Aber was sollte ich mit meiner kleinen Tochter machen? Meine Familie wollte sich nicht um sie kümmern, denn sie hatten Angst, ich würde nicht mehr wiederkommen, um sie abzuholen. Ich rief einen Freund an, einen Deutschen, der in Brasilien Medizin studierte: »Du kannst in meiner Wohnung wohnen und paßt auf meine Tochter auf, während ich nach Deutschland gehe und Geld verdiene, und dann komme ich sie holen«. Er blieb bei ihr und konnte dafür umsonst in

* eh. staatliches Alphabetisierungsprogramm, Anm. d. Ü.

meinem Haus wohnen; in der Favela zahlte man sowieso weder Miete, noch Strom, noch Wasser, gar nichts.
Äußerst glücklich und mit neuer Perspektive kam ich nach Deutschland. Anfangs hab ich mich ganz schön verrenken müssen, um den Deutschen meine Sambakenntnisse näher zu bringen, du weißt ja, in Brasilien ist die Straße dein Lehrer und dein Diplom hast du im Fuß. Aber meine Schüler wollten einen Unterricht mit Methode, sie wollten alles ganz genau erklärt haben, wohin mit den Knien, wenn ich die Hüften schwinge, wie halte ich die Schultern still, wenn ich das Becken kreisen lasse... Ich mußte lernen, jede Bewegung Schritt für Schritt auseinanderzunehmen, »Beine nach oben!«, »Arme nach rechts!«, »das Bein ausstrecken!«, »den Arm runter!«, »laß das Becken locker!«... puh! Das machte mich fertig, es deprimierte mich. Später, wenn ich zu Hause war, mußte ich darüber lachen, aber in dem Augenblick, puh! – ich schwitzte mehr als in Rio de Janeiro.
Diese Schwierigkeit, Menschen einer anderen Kultur etwas systematisch zu vermitteln, was für mich so natürlich und spontan war, war nichts im Vergleich zu den Beschimpfungen, die ich bei manchen Gelegenheiten über mich ergehen lassen mußte. Eines der Male, die mir besonders in Erinnerung geblieben sind, war der erste öffentliche Auftritt meiner Sambagruppe, begleitet von einer Percussiongruppe. Es war kurz vorm Auftritt, wir waren alle nervös und warteten darauf, auf die Bühne zu gehen, als eine Reporterin kam und mich interviewen wollte. Zu der Zeit verstand ich kein Wort und rief eine Freundin herbei, die übersetzen sollte. Die Reporterin: »Warum steckt sie die Schülerinnen in Bikinis, das ist ja so was von vulgär! Warum ziehen sie sich nicht gleich ganz aus, sie sind ja schon fast nackt! Das ist doch kein Samba, das ist Pornographie!«
Nachdem sie die Unverschämtheit übersetzt hatte, sagte ich zu meiner Freundin: »Sag ihr, daß, wenn ich im Sommer mit dem Fahrrad durch die Parks in der Stadt fahre, ich einen

Haufen nackte Deutsche auf dem Rasen liegen sehe. Also nackt im Park liegen ist keine Pornographie, aber im Bikini Samba tanzen ja, oder was?«
Ich habe nie ein Blatt vor den Mund genommen, das weißt du, ich hau gern mal auf den Tisch, wenn ich mich aufrege. Ich mußte tief durchatmen, um der Frau nicht sonst was zu erzählen. Monate später wiederholte sich der Vorfall an anderer Stelle, mit anderen Darstellern und in anderer Form. Wir, eine Gruppe von elf Brasilianern, tanzten bei der Einweihung einer Wohnanlage. Alles war sehr gut organisiert, eine schöne Show, ein angeregtes Fest... das um ein Haar ganz übel ausgegangen wäre. Die Bauarbeiter meinten, sie hätten das Recht, den Tänzerinnen an den Hintern zu fassen und beschimpften uns als »primitive kleine Negerinnen, Dritte Welt, die sind gerade mal gut, für uns zu kochen und für´n Hunderter mit uns ins Bett zu gehen«. Das Blut stieg mir in den Kopf, ich mußte mich zurückhalten, sie nicht alle sonstwo hinzuschicken und auf sie einzuschlagen, verdammte Hurensöhne, was dachten die sich eigentlich? Die dachten, wir sind Negerinnen und deswegen dumm, arm und deswegen auf Geld aus, Brasilianerinnen und deswegen Prostituierte. Arschlöcher! Schweinehunde! Ich weiß nicht, ob sie sich auch einer weißen Brasilianerin gegenüber so verhalten würden, aber uns gegenüber hatten sie nicht den geringsten Respekt.
Das hat mich wirklich sehr gekränkt. Heute tanze ich nicht mehr im Bikini, was ich sowieso nur aus Mangel an Erfahrung gemacht habe. Eigentlich fand ich schon immer, daß man sich beim Sambatanzen nicht ausziehen muß, das wurde erfunden, damit die Gringos was zum Gucken haben, eine Kommerzialisierung des weiblichen Körpers. Die Sambakultur hat so viele schöne Elemente, die hier gar nicht wahrgenommen werden, der Mestre-sala zum Beispiel mit der Fahnenträgerin, die Bahianerinnen... Wenn ich jetzt mit meinen Mädchen tanze, verkleide ich sie als Carmen Miran-

da oder als Bahianerinnen, auf jeden Fall keinen Bikini mehr, abgesehen davon, daß er ein Exportartikel ist, ist er auch nicht angebracht, bei der Eiseskälte in Deutschland.
Samba ist etwas Ernsthaftes, ein Ausdruck unseres kulturellen Reichtums, das hat nichts mit Bumbumbum zu tun, wie mein Mann früher immer sagte. Welcher Mann? Ah, wußtest du nicht, daß ich mit einem Deutschen verheiratet bin? Also gut, ich erzähl dir die Geschichte... Als ich endlich das Geld zusammen hatte, um meine Tochter herzuholen, machten die deutschen Behörden plötzlich Ärger und wollten auf keinen Fall, daß das Mädchen hierbleibt, was sie damit begründeten, daß ich als Sambalehrerin ja nicht genügend Geld für ihren Unterhalt hätte. Und was jetzt? Ich hatte meine kleinen Jobs, kam einigermaßen über die Runden, aber das genügte nicht, ich mußte hinterher sein, richtig hinterher,... hinter einem Deutschen. Ich war hinterher, lernte einen kennen, man ist ja immer neugierig darauf, einen Europäer kennenzulernen, Küßchen hier, Küßchen da, ich weiß nicht, ob es bei dir so war, bei mir war es jedenfalls so. Ich lernte einen Deutschen kennen, wir fingen an zu flirten, dann dauerte es nicht lange, bis wir uns verliebten, und so weiter, schließlich sagte ich ihm die Wahrheit. »Ich muß dich heiraten, aus Liebe zu meiner Tochter. Heiratest du mich?« »Ja, ich heirate dich!!!« Wir heirateten. Sobald ich konnte, nahm ich ihn mit nach Rocinha, damit er meine Wurzeln kennenlernte, meine Familie, unseren Kampf... Das war alles neu für ihn, bevor er mich kennenlernte, war er nie in Kontakt mit einer anderen Kultur gekommen.
Zurück in Deutschland verschwand das Neue dann wieder in der Ferne, in Rio de Janeiro. Es blieb nur der Alltag übrig, der bald voller Konflikte war. Wir stießen auf Vorurteile, deren Existenz wir nicht einmal geahnt hätten, aber da waren sie, wie kleine spitze Steine. Wenn ich zum Unterricht ging, lästerte mein Mann, »Jaja, geh nur wieder zu deinem Bumbumbum«, und ich, gekränkt, mußte mich zusammenreißen,

um nicht zu explodieren, und schlug beim Gehen die Tür zu; am nächsten Tag dieselbe Szene, noch ein paar Worte mehr, »Ihr aus der Dritten Welt denkt nur an Bumbumbum und Blablabla, aber wenn es darum geht, mal etwas hervorzubringen: nichts!«
Und obwohl er nicht zugab, um was es ihm ging, wurde mir klar, daß ich mit einem dieser typischen Deutschen zusammenlebte, die mit einer Ausländerin verheiratet sind, deswegen Sozialhilfe und eine billige Wohnung bekommen, und dann auch noch von den Frauen die Hälfte vom Haushaltsgeld haben wollen. Dieses Land ist voller Brasilianerinnen, die mit Deutschen verheiratet sind, diskriminiert, finanziell und sexuell ausgenutzt werden, oder von ihrem Mann gezwungen werden, im Puff zu arbeiten, und niemand macht den Mund auf, vor Scham oder aus Angst, das Visum zu verlieren und nach Brasilien zurück zu müssen, und was dann? Aber ich mache den Mund auf, ja, ich habe nie zugelassen, daß man mich mißachtet, mich kontrolliert oder unterjocht, das weißt du, wenn ich mich aufrege, hau ich auf den Tisch! Es hat mir nie etwas ausgemacht, das Haushaltsgeld zu teilen, ich bin eine unabhängige Frau, aber ich lasse nicht zu, daß man geringschätzige Äußerungen über meine Herkunft macht. Und mein Mann fand, Samba sei etwas für Leute aus der Favela und die wollten ja sowieso nur trinken und rumsumpfen und das endet dann immer beim Samba... Ich konnte die Beleidigungen, die mit diesem Denken verbunden waren, nicht stillschweigend hinnehmen, und so gab es einen Riesenstreit, aber was mich wirklich dazu brachte, fast die Koffer zu packen und nach Brasilien abzuhauen, war nicht das, sondern daß meine Tochter so in der Schule litt. Ihre Mitschüler, Deutsche, Türken, und was sonst noch alles, spuckten ihr ins Gesicht, weil sie Mulattin war und sangen im Chor: »Affenmädchen, Affenmädchen!«, sie war ja erst neun Jahre alt und beherrschte nicht mal die Sprache, um sich zu wehren, und so sah sie keine andere Möglichkeit, als

sich auf die Meute zu stürzen und zuzuschlagen, aber sie hörten immer noch nicht auf. Meine Tochter wurde verschlossen, kam in der Schule nicht weiter, und die Lehrerin dachte, ein Mädchen aus der Favela kann eigentlich gar nicht lernen, so ein Quatsch, Kind ist Kind, es braucht nur Verständnis und Ansporn. Und da hat sich mein Mann als ein richtiger Freund entpuppt, von sehr sensibler Intelligenz; da er arbeitslos war, was er heute noch ist, nahm er sich täglich zwei Stunden Zeit und gab ihr Nachhilfe, und was meint ihr, was sie für Fortschritte machte. Er half mir auch sehr bei der Übersetzung der Unterlagen für die Schule und für die Behörde, was auch immer, auf der einen Seite die Aufmerksamkeit in Person, auf der anderen ein Unmensch, der nicht aufhörte, mich zu beleidigen, und mir andauernd mit seinem Bumbumbum und Blablabla in den Ohren lag; eines Tages schlug ich mit der Faust auf den Tisch und brüllte aufgebracht: »Ich bin nur noch mit dir zusammen, weil ich deine Hilfe brauche, um diese Papiere zu übersetzen, ich brauche dich, damit du meiner Tochter deutsch beibringst, nur deswegen, verstehst du?« Danach bereute ich es, ich dachte, ganz ruhig, halt dich zurück, deine Tochter muß in der Schule weiterkommen, du mußt diesen Papierkram übersetzen, sei nett zu dem Mann. Ich rief ihn zu mir, schon etwas friedlicher, und sagte, »Ich bin abhängig von dir, du bist abhängig von mir, ich habe meine Vorteile und du deine... laß uns versuchen, miteinander auszukommen«. Das war auch für ihn ein mehr als angemessener Kompromiß, da er in mir eine Krankenschwester hatte, die ihn, einen Krebskranken, pflegte; ich machte die Kotze und die Scheiße weg, wenn er Durchfall hatte, ich begleitete ihn ins Krankenhaus, wenn er Spritzen bekam oder zur Chemotherapie mußte... ich machte all das nicht nur, weil er ein Mensch war, sondern vor allem, weil er sich auch als Freund erwiesen hatte, übrigens nicht nur er, sondern auch einige andere Deutsche, die ich kennenlernte. Bei all dem Papierkram, den ich übersetzen mußte,

für das Standesamt, für die Schule, die Ausländerbehörde, ich weiß nicht, was ich ohne diese wertvolle Hilfe angefangen hätte...
Wie du siehst: Eine ordentliche Streiterei verhindert noch lange keine noblen Gefühle. Und es ist auch wahr, daß steter Tropfen den Stein höhlt; nachdem ich so lange diesen völlig irrationalen Klotz bearbeitet, ihm Punkt für Punkt die Unterschiede zwischen unseren Kulturen und unseren Mentalitäten erklärt hatte, hat sich seine Meinung geändert. Unmöglich!, würdest du sagen. Warum unmöglich? Ich habe viel gelesen und soviel Deutsch wie möglich gelernt, um besser argumentieren zu können, ich habe mich mit ihm unterhalten, es ihm erklärt, mir die Haare gerauft, bis er es eines Tages verstanden hat. Heute respektiert er mich mehr als sonst jemanden, und wenn du ihn fragst, wer die Frau ist, die er im Leben am meisten bewundert, wird er antworten: Meine! Er respektiert mich als Frau, als ehemalige Bewohnerin einer Favela, als Schwarze, als Sambalehrerin, als Dritte Welt.
Und so halten wir mit Ach und Krach unsere Freundschaft aufrecht, Mann und Frau sind wir schon lange nicht mehr, seitdem er anfing mit seinem: Sex wozu, mit über vierzig? Ab einem gewissen Alter ist Sex nicht gut, sogar »ungesund«. Was für ein Unsinn, was denkt der eigentlich, ich bin über vierzig, aber ich bin doch nicht tot, *oder*... ? Ich habe viele seiner merkwürdigen Vorstellungen geändert, aber gegen dieses Denken kommt nicht mal ein Wasserstrahl an, er hat einfach die Lust verloren. Ich habe schon seit einiger Zeit einen Geliebten, er weiß es, alle wissen es, nächstes Jahr werde ich ihn verlassen und mit dem anderen zusammenziehen. »Ich werde gehen, aber wenn du mich brauchst, mußt du mich nur rufen«, habe ich zu meinem Mann gesagt. »Und du weißt ja auch, wenn es dir mal nicht gut geht, ich bin immer hier«, war die zivilisierte Antwort.
Wie gut, daß wir unsere Meinungsverschiedenheiten überwinden konnten. Und wie gut, daß ich mich nach all der

Kämpferei in Deutschland integriert fühle – außer dem Samba arbeite ich in politischen und sozialen Projekten für die brasilianische Gemeinschaft in Berlin und für bedürftige Kinder in Brasilien. Aber das Beste, was ich erreicht habe ist, meiner Tochter eine gute Ausbildung ermöglichen zu können, die Chance auf eine würdige Zukunft. Das ist in Kreuzberg möglich. In Rocinha noch nicht mal, wenn man auf den Tisch haut...

Murah Soares

In Brasilien vom Tanzen leben zu wollen, ist ein hoffnungsloses Unterfangen, vor allem, wenn man arm und schwarz ist und Macumba betreibt. Ich habe dank der Leichen, die ich in einem Krankenhaus gereinigt habe, und den Jobs in der Bank und im Büro – alles gleichzeitig – überleben können. Meine noch übrige Zeit verbrachte ich abends mit Tanzunterricht und probte für Auftritte.

In Berlin vom Tanzen leben zu wollen, ist möglich. Es ist auch kein Zuckerschlecken – man muß bereit sein zu arbeiten, und schlau genug, um dort zu sein, wo man mit afrobrasilianischem Tanz etwas machen kann... Aber ist man einmal drin, dann wird man auch als Tänzer behandelt, mit Würde und Respekt. In Brasilien war ich nur einer mehr, der die Hüfte schwingen konnte.

Von dem Geld, das ich verdiene, kann ich Miete, Telefon und Verkehrsmittel bezahlen. Ich kann mich nicht beklagen: an Komfort mangelt es mir nicht. Allerdings habe ich mich noch nicht mit der spirituellen Wüste abgefunden, zu der Deutschland geworden ist. Hier läuft es doch so: wenn du tot bist, ist es vorbei. Der Körper verfault und die arme Seele, die nicht einmal wußte, daß sie da drin steckte, weiß nicht wohin.

Vielleicht sind die Leute deswegen hier so verwirrt und bedürftig. Die, die den Durst des Geistes noch erahnen, sind wie verrückt auf der Suche nach Shiva, Buddah, Oxalá, dem erstbesten, der gerade auftaucht...

In der Schule, in der ich afrikanischen Tanz unterrichte, tauchen viele dieser unbedachten Leute auf, gierig nach Energie. Leute, die noch nie die Erfahrung einer Einheit von Körper und Geist gemacht haben, die nicht mehr wissen, wie sie sich im eigenen Körper wohlfühlen sollen. Kein Wunder! Wenn man in einem Land lebt, in dem nur Technologie, Wissenschaft und das Materielle zählen...

Nur ein Teil derer, die in meinen Unterricht kommen, interessiert sich wirklich für die afrobrasilianische Kultur. Die meisten zahlen, um Energie zu bekommen. Um zu schwitzen. Um zu saugen. Dies ist ein Land voller Vampire. Wenn du es zuläßt, saugen sie deine Energie auf, deine Fröhlichkeit, deine Lebendigkeit, und bevor du es merkst, bist du ein hohles Stück Holz, genau wie sie.

Vor zehn Jahren, als ich herkam, hätte ich das nicht gesagt. Da habe ich im Unterricht alles gegeben. Ich habe meine Kenntnisse mit derselben Ernsthaftigkeit weitergegeben, wie ich sie von meiner Großmutter geerbt habe, einer Hohen Priesterin aus Salvador. Meine Schüler waren sogar neugierig und aufgeweckt. Aber vor allem waren sie verkopft und skeptisch, sie stellten alles in Frage, was ich sagte. Ich weiß noch, wie ich einmal versuchte, ihnen die Grundbewegungen des Orixá-Tanzes beizubringen (die gesamte Choreographie ist den Geweihten vorbehalten). Ich fing mit Ogum an, dem Orixá der Waffen und des Krieges.

Ich sagte: »Wenn Ogum tanzt, bewegt er die Hand so«, und zeigte ihnen die Bewegung.

»Ah, ich schaff das nicht, so mit der Hand zu machen«, beschwerte sich eine Schülerin. »Und warum muß ich das jetzt so machen?«

»Weil er so sein Schwert bewegt hat.«

»Sein Schwert? Was für ein Schwert?«

»Ogums Schwert. Das ist eine seiner Waffen.«

»Und was soll das Schwert?«

(Ai, mein lieber Oxossi, ganz ruhig...)

Ein anderes Mal erklärte ich, wie man die Opfergabe für einen Orixá zubereitet.

»Man nimmt ein bißchen Erde... «

»Erde? Aber da sind doch Bakterien drin, da kann ich mich ja anstecken.«
»Hör mal, bist du nicht barfuß gelaufen, als du klein warst? Und bist du vielleicht daran gestorben?«
»Natürlich nicht, aber ich verstehe nicht, wozu man die Erde braucht... «
»Weil das die Art ist, wie man huldigt.«
»Ja, aber warum? Erklär´s mir... «
Heilige Güte! Und früher habe ich auch noch meine Zeit damit verplempert, nach Erklärungen zu suchen. Wenn mir heute ein Schüler auf die Nerven gehen will, bekommt er sofort was zu hören:
»Hör zu, Süßer, es gibt Dinge, die kann man nicht erklären. Entweder du glaubst es oder nicht. Bevor du es mit dem Kopf verstehst, mußt du es mit dem Herzen verstehen. Dann kann es durch deinen Körper fließen. Wenn du dein Herz nicht öffnest, dann können wir das vergessen mit den Orixás und dem Tanzen, dann ist das einfach nichts für dich.«
Mein lieber Junge! Dieses ewige Gefrage raubt mir noch den letzten Nerv! Seit zehn Jahren fallen sie mir auf den Wecker, aber Gott sei Dank habe ich gelernt, mich zur Wehr zu setzen. Heute dosiere ich meine Energie für diese Blutsauger besser. Statt hundert Prozent gebe ich nur noch fünfzig und so hält es wenigstens für die ganze Woche.
In der Liebe war ich wie im Tanzunterricht. Immer alles geben. Bei meinem ersten deutschen Freund platzte ich ins Leben wie ein Weihnachtsgeschenk, jede Menge Überraschungen und Zärtlichkeit bekam er von mir. Ich fuhr zu ihm, machte ihm Frühstück, Mittagessen... und es war verkehrt. Ich war immer total lieb, ich tat alles für ihn... und er: immer unzufrieden. Man sagt ja, Brasilianer seien verschlagen, aber bis zu dem Moment war ich vollkommen unschuldig, ich verstand nicht, warum er sich so unmöglich benahm. Immer wieder habe ich ihm etwas Schönes zu essen gekocht, ihm liebevoll Kaffee ans Bett gebracht. Und was hat es mir ge-

bracht? Nichts! Ich ertrug seine Mißachtung, seine Beleidigungen und seine schlechte Laune, bis ich es eines Tages leid war: »Hör zu, mein Süßer, du bleibst schön hier und ich geh zu mir, Bussi und tschüß«. Ich haute ab, lenkte mich mit allem möglichen ab, besuchte Freunde und amüsierte mich. Ich vergeudete nicht eine Sekunde meines Tages mehr mit ihm. Und was passierte? Er, dem man immer alles hineinschieben mußte, platzte förmlich vor Liebe für mich. Jeden Tag rief er mich an, schickte mir Blumen und Briefe... Plötzlich war er ein ganz anderer!

Da ging plötzlich das Warnlicht bei mir an, wo vorher nur das Feuer der Leidenschaft geglüht hatte: »Deutsche wollen leiden«, blinkte es, bis ich mir endlich der Perversität einer solchen Beziehung bewußt wurde. Du mußt mit deiner Zuwendung haushalten, Gefühle verbergen, die Typen schlecht behandeln, damit sie deinen Wert erkennen und dir ein klitzekleines bißchen von ihrem kalten Gefühl rüberreichen... »Jesus im Himmel, ich bin doch keine Domina, nein danke«, dachte ich bei mir.

Gleichzeitig zeigte mir das Licht: »Sieh nur, wie bedürftig sie sind«. Und tatsächlich, es dauert lange, bis ein Deutscher seine Zuneigung zeigt, und wenn, dann klebt er wie ein Kaugummi an dir. Und dann fängt er an zu saugen, so stark er kann. Auch sexuell. Viele Brasilianer, die noch nicht lange genug hier sind, spielen da erstmal mit, ohne das zu durchschauen, und lassen sich aussaugen. Sie entdecken in ihrer bestimmten Schönheit als Mulatten und in ihrer freizügigen Sinnlichkeit diesen seltenen Wert, das billig Exotische, und verkaufen sich. Sie gehen mit dem einen, dann mit dem nächsten, und die Deutschen zahlen alles. Das ist unbewußte Prostitution. Diese verblendeten Brasilianer vergessen ihre Werte und ihre Ideen, sie beuten ihre eigene Folklore aus. Nur, ist eines Tages der Stollen leer, dann gucken sie sich um und sehen, daß ihnen nichts geblieben ist, und daß sie ausgelutscht und allein sind. Manche drehen richtig durch (ja,

echt, weil man hier wirklich verrückt werden kann). Ich kenne einige Leute, denen es so ergangen ist. Einer ist so durchgedreht, daß wir, die Brasilianer in Berlin, ihn ins Flugzeug nach Brasilien gesetzt und gesagt haben, tschüß, Kleiner, mach's gut, zu Hause kommst du wieder auf die Beine...
Bei mir bestand nie diese Gefahr, weil ich ein ziemlich genaues Vorhaben hatte. Ich bin nicht so einfach ruckizucki abgehauen... Ich hatte einen Vertrag mit einer Tanzschule in der Tasche und die feste Absicht, ernsthaft die Grundelemente afrobrasilianischen Tanzes und afrobrasilianischer Religion zu vermitteln. Ich wollte unsere authentischen Traditionen nicht wie Bananen verscherbeln, es ist immerhin das Wichtigste, das wir besitzen. Ich wollte den Leuten zeigen, daß Brasilien nicht nur Samba, Strand, Karneval und Caipirinha ist.
In meinem Herzen trage ich die Intuition und die Weisheit meiner Großmutter; ich bin dort aufgewachsen, wo sie Candomblé praktiziert hat, dort wurde mir auch der Kopf rasiert. Ich bin im Haus von Oxossi geweiht worden, und ich habe seitdem nicht aufgehört, mich weiter zu weihen... Ich habe in meiner Wohnung in Berlin einen kleinen improvisierten Altar für meine Gebete und zum Energietanken aufgebaut. Wann immer ich kann, fahre ich nach Salvador, um meine Batterie wiederaufzuladen (hier ist die Batterie nämlich schnell alle!) und komme mit Kräutern und Parfums für meine Reinigungsbäder zurück. Man muß sich spirituell reinigen und sich schützen. Siehst du da vorne das kleine Glas Wasser? Das ist die Kraft der Natur, die Kraft von Orixá. Was? Ob es einen Orixá gibt, der für Deutschland zuständig ist? Nein, das nicht. Für Deutschland ist der heilige Meyer zuständig. Wir müssen uns an Oxossi wenden, an Oxum, Ogum, Oxalá... Jeden Tag bete ich zu meinen Herren, sie mögen mir die Energie wiedergeben, die ich hier verliere. Ich bete für Gesundheit, für Schutz und Fröhlichkeit, ich bete, daß sie mir im rechten Augenblick den Weg nach Hause zei-

gen. Ich weiß, daß ich früher oder später zurück nach Brasilien gehen werde... Ich bin schon zu lange hier, ich bin müde... Ich muß zurück in meine Heimat und mich als Brasilianer der Diskriminierung und den anderen Problemen dort stellen...
Okê Arô, Oxossi, gib mir Kraft!

Lourival Souza*

Hallo? Gut, danke, und dir? Nein, jetzt nicht, ich muß ein Interview geben. Für ein Buch. Ich erzähl es dir später. Was? He, ich kann jetzt nicht nach Hause kommen, ich habe auch mein Leben! *Mein* Leben, verstehst du? Wir reden später darüber. Tschau...
Tut mir leid, das war das Mädchen, mit dem ich zusammen wohne. Mann, sie kapiert es einfach nicht! Sie begreift nicht, daß ich auch mal Zeit für mich brauche! Den ganzen Tag hängt sie mir am Rockzipfel... Okay, laß uns anfangen... Du kennst meine Bedingungen? Keine persönlichen Angaben: Name, Adresse, Geburtsort, Paßfoto, nichts dergleichen, klar? Es reicht, wenn du meine Geschichte im Wesentlichen aufnimmst. Ich finde, dieses Buch ist wichtig, die Leute in Brasilien sollen wissen, was hier auf sie zukommen kann. Übrigens kannst du das Kapitel über mich mit meinen Geboten an die Brasilianer eröffnen:

Seht euch gut an, wo ihr hingeht!
Überlegt euch, mit wem ihr kommt!
Lernt vorher die Sprache (Wer herkommt, ohne deutsch zu sprechen, ist selbst schuld).
Kommt nicht her, wenn ihr nicht wißt warum, sonst wird die Reise nicht mehr als ein verrücktes Abenteuer...

Meine Mutter sagte immer, Erfahrungen könne man nicht weitergeben, aber ich bin schon zu alt, um alles zu glauben, was meine Mutter sagt (ich weiß nicht einmal, ob ich es je getan habe). Erfahrungen lassen sich sehr wohl weitergeben, und deswegen werde ich dir meine Geschichte erzählen.

* Name geändert

Ich wuchs in einer mittellosen Familie auf und mußte wie jeder arme Junge von früh an zu sehen, wie ich zurecht kam in einer Stadt, die die Menschen nur so verschluckte. Ich leistete meinen Militärdienst ab, arbeitete als Wächter, als Model, spielte Theater und war zuletzt bei der Produktion einer Novela dabei. Damals hatte ich erstmals den Wunsch, Fernsehschauspieler zu werden. Ich sah gut aus, ich war mutig genug... warum also nicht? Es gibt soviele Schönlinge mit weniger Talent als ich, die es auch geschafft haben... Ich machte mich mit den Leuten aus der Novela bekannt, vielleicht würde sich ja eine Möglichkeit ergeben. In Brasilien kommt man leicht mit anderen Leuten zusammen und es dauert nicht lange, schon ist man auf eine dieser coolen Partys eingeladen, die die Künstler manchmal geben. So war es dann auch. Ich durfte diese Party um nichts auf der Welt verpassen, das war meine große Chance, die richtigen Kontakte zu knüpfen. Ich kam an, nur gutaussehende Leute, Riesenstimmung... Es war Hochsommer, der Whisky rollte *on the rocks*. Ich redete eine ganze Zeit lang mit einer Freundin von mir. Irgendwann stellte sie mich einem deutschen Ehepaar vor, beide um die vierzig, supergut in Form, gut gelaunt, die schienen das Leben zu genießen. Besonders hübsch waren sie nicht, aber auch nicht total häßlich. Irgendwie echt exotisch.
Da ich nicht ein einziges Wort Englisch sprach, übersetzte meine Freundin das Gespräch. Ich wurde mit all den Intimitäten dieser Deutschen vertraut gemacht, die selbst für mich, der ich es gewohnt bin, unter verrückten Künstlern zu verkehren, unheimlich extravagant und einfach sensationell waren. Während sie von ihrer Ehe sprachen, konnte ich nur nicken und immer wieder »Ach, wirklich, nein« sagen, wahrscheinlich machte ich auch noch ein total dummes Gesicht dazu.
Die beiden waren seit fünfundzwanzig Jahren verheiratet, aber der Mann sah eher so aus, als würde er nicht auf Frauen stehen. Sie lebten zusammen in einer Riesenwohnung, so pa-

lastartig, aber sie trieben es nie zusammen. Sie hatten Affären mit anderen Leuten, alles total offen und tolerant. Sie wollten sich nicht trennen, ich schätze aus gesellschaftlichen Gründen. Sie arbeiteten beide beim Fernsehen, in sehr hohen Positionen.
Nach soundso vielen Gläsern Whisky luden die beiden mich ein, mit ihnen nach Deutschland zu kommen und bei ihnen zu wohnen. Er sagte, er hätte viele Kontakte unter Künstlern und könnte mir bestimmt einen Job besorgen. Junge, ich war wie von den Socken! Stell dir das vor, bei reichen Leuten zu wohnen und groß im deutschen Fernsehen rauszukommen! Das passiert auch nicht jedem! Ich war schon immer ziemlich spirituell und sehr positiv veranlagt... Ich zweifle nicht am Glück. Und meins stand direkt vor meiner Nase...
Ich kam also nach Deutschland, in ein riesiges, schönes Haus, wie im Film. In der Stadt war richtig was los, ich hatte noch nie soviel Kultur an einem Ort gesehen. Mein Leben war sehr angenehm: Ich ging mal mit ihm ins Bett, mal mit ihr, nichts Perverses. Für die beiden war es ein perfekt rundes Dreieck (ich hatte meine Zweifel, ob nicht früher oder später einer rausfallen würde).
Wir reisten durch Europa und wohnten immer in guten Hotels, die sie ohne Anstand bezahlten. Ich sprach noch kein deutsch, deswegen mußte ich auf jede ihrer Gesten, auf die Nuancen in ihrem Lächeln und auf ihre Blicke achten. Das Dumme ist, daß die deutsche Sprache sich nicht im Gesicht ausdrückt. Ob es ihnen gut oder schlecht ging, der Gesichtsausdruck war derselbe. Und ich, wie ein Taubstummer, mußte mir verdammte Mühe geben, um zu verstehen, was sie wollten. Heute bin ich so geübt, daß ich sofort kapiere, was sie denken.
Aber das Leben bestand nicht nur aus Feiern und Reisen. Wenn die beiden arbeiten gingen, blieb ich allein zu Hause, kämpfte mit der deutschen Sprache, die unheimlich schwer ist. Wenn ich in Brasilien aus der Schule kam und irgendwas

nicht verstand, gab es immer einen Bruder, einen Cousin oder meine Mutter, die mir weiterhelfen konnten. Hier blieb nicht eine Sekunde ihrer wertvollen Zeit für mich. Ich versuchte, ihre Aufmerksamkeit zu gewinnen: »He, setzt euch doch mal her zu mir, laßt uns zusammen lernen«. *Keine Zeit*. Ich fühlte mich ausgenutzt. Dann gab es Ärger mit der Frau, sie war eifersüchtig, wollte nicht mehr mit mir ins Bett, ich glaube, sie hatte Angst, ihn zu verlieren und nicht mehr die größte Rolle in seinem Leben zu spielen. Wenn eine Frau alt wird, du kennst das ja, hat sie schnell diese Paranoia, und ich war jung, ein hübscher Kerl, du kannst es dir vorstellen, nicht? Allmählich machte sie immer mehr Probleme, und ich brauchte Ruhe, um zu lernen; wenn man deutsch lernen will, braucht man einen klaren Kopf... Sie war also sauer und total kalt zu mir, nur er kam noch zu mir. Aber nur um zu vögeln. Sonst nichts.

Und der Job beim Fernsehen, den sie dir versprochen hatten?, wirst du jetzt fragen. Nichts. Manchmal, wenn ich unruhig wurde, versuchte er mich zu beruhigen: »Ich werde sehen, was sich tun läßt«. *Und nichts. Nichts und wieder gar nichts.* Ich bohrte immer wieder nach, ich wollte einen Job mit Vertrag und Arbeitserlaubnis, ich hatte die Nase voll davon, von ihnen abhängig zu sein. Da machte er mir diesen »unmoralischen« Vorschlag. »Warum gehst du nicht schwarz arbeiten«. Dieser Mistkerl! Er wußte ganz genau, daß ein Ausländer, der erwischt wird, wenn er ohne Papiere arbeitet, ins Gefängnis wandert. Und ich bin nicht gerade jemand, der gern das Glück herausfordert...

Abgesehen davon war ich mit dem Traum nach Europa gekommen, mir eine künstlerische Karriere aufzubauen, nicht um Sklave zu sein, dazu hätte ich auch zu Hause bleiben können. Es war an der Zeit, den Kahn zu wenden. Ich sagte ihnen, ich hätte kein Interesse mehr daran, bei ihnen zu leben, und daß ich meine Unabhängigkeit wollte. Ich wollte ihnen zeigen, daß ein Brasilianer nicht nur Sex und Samba

verkörpere. Es bedeutet auch, Kraft, Kreativität und Hoffnung in sich zu tragen...
Bei der erstbesten Möglichkeit verließ ich das Haus. Es war hart, aber am Ende kommt man doch immer irgendwie zurecht. Ich lernte eine sehr nette Deutsche kennen, die, die vorhin angerufen hat, sie war ganz vernarrt in meine sinnliche Art, dieses Exotische und Verspielte. Ich bin bei ihr eingezogen und verdiene mein eigenes Geld, mit Muscheln werfen und als Tänzer. Auch ohne Arbeitserlaubnis habe ich schon zwei Videoclips fürs Fernsehen aufgenommen. Ich will versuchen, auch etwas am Theater zu machen... Außerdem will ich dieses Mädchen heiraten und mir ein geregeltes Leben aufbauen. Jetzt zurück nach Brasilien, auf keinen Fall! Vielleicht schicke ich mal einen Brief und ein paar Küßchen rüber, aber mehr auch nicht. Was soll ich in einem Land, das sich weder um das Soziale kümmert noch darum, seinen künstlerischen Talenten Flügel zu verleihen?
Ich weiß, daß es mir hier gut gehen wird, ich habe eine starke spirituelle Kraft, die sich seit meinem dreizehnten Lebensjahr, als ich meine ersten mystischen Visionen hatte, immer mehr entwickelt. Meine Mutter dachte damals sogar, ich wäre geisteskrank und ging mit mir zum Arzt, aber der hat nichts gefunden. Da hat eine Frau zu ihr gesagt, sie solle mich mal in ein spiritistisches Zentrum bringen, der Priester da hat die Muscheln geworfen und gesagt, daß ich ein Medium sei, und daß das eine sehr reine und schöne Berufung sei. Als er den Namen meines Orixás sagte, bin ich ohnmächtig geworden: Logunedé, der des Regenbogens, das Kind, der Sohn von Oxum und Oxossi. Er ist immer sechs Monate bei Oxum und die anderen sechs bei Oxossi. Wenn er bei der Mutter ist, nimmt er die weiblichen Seiten an, und wenn er beim Vater ist, dann ist er so wie der Vater, also mehr wie ein Mann.

Ich fühle, daß diese spirituelle Gabe noch weiter wachsen und mir neue Wege eröffnen kann. Ich spiele mit dem Gedanken, eine spirituelle Gemeinde für die Brasilianer zu gründen, die, wenn sie nach Deutschland kommen, nur die negativen Aspekte dieser Erfahrung sehen und nur das große schwarze Loch wahrnehmen. Wenn ich für sie die Muscheln werfe, kann ich sie beruhigen, indem ich die Energie und das Positive unserer Wurzeln auf sie übertrage, und gleichzeitig für meinen Lebensunterhalt sorgen.

Gott sei Dank sind die schlechten Zeiten vorbei und ich habe meine Freiheit wieder. Die Deutsche, mit der ich zusammenwohne, weiß, daß ich auch etwas mit einer Brasilianerin habe (bei den Deutschen habe ich gelernt, mit offenen Karten zu spielen). Es stimmt, daß sie einigermaßen besitzergreifend ist und ziemlich anhänglich, sie ruft auch bei der anderen an, wenn ich dort bin. Aber inzwischen besitzt mich niemand mehr (nur mein Orixá). Ich kann inzwischen Nein sagen. Ich werde NICHT, nur weil ich bei ihr wohne, alles tun, was sie von mir will. Und ich werde auch NICHT, nur weil ich in der Ersten Welt lebe, alles so machen, wie man es von mir erwartet.

Ismael Ivo

»Der menschliche Körper ist eine Batterie, deren Ladung kastriert und unterdrückt wurde. Man hat den menschlichen Körper gezwungen zu essen und man hat ihn gezwungen zu trinken, damit er nicht mehr tanzen kann. Aber man muß diesen Tanz obszöner Körper zerstören und ihn durch den Tanz anderer Körper ersetzen.«

Antonin Artaud

Mein Körper ist das einzige Haus, das ich in meinem Leben besitze. Und das Leben ist sehr kurz. Der Tanz, diese extreme Beziehung zu meinem Körper, ist ein Versuch, das Leben in seiner Essenz und in seinen tiefsten Wurzeln zu verstehen. Nicht ohne Grund sind die Themen, die ich in meiner Arbeit anschneide, immer existentieller Natur.

–

Im Grunde habe ich wie jeder Künstler immer davon geträumt, eine internationale Karriere zu machen. Es war kein konkreter Traum... so wie, ah, ich will in die USA, ich will nach Paris, Berlin. Das nicht! Ich hatte einfach riesige Lust, in der ganzen Welt neue Ideen auszuprobieren, neue Bewegungen, neue Kontexte. Ich hatte immer großen Sinn dafür, Dinge in die Tat umzusetzen. Da ich nichts zu verlieren hatte, zog ich einfach drauf los und machte, versuchte dies und das, investierte und baute etwas auf. Natürlich reflektierte ich über meine Arbeit und wählte aus, aber ohne mich von der Selbstkritik runterziehen zu lassen.

–

Ich begann meine Karriere in São Paulo mit Theater und wandte mich dann langsam dem Tanz und dem Tanztheater zu. Auf der Suche nach der Avantgarde fing ich an, mit mir selbst und anderen brasilianischen Künstlern zu experimentieren. So kam ich das erste Mal nach Berlin, vor fünfzehn Jahren, als ich Tanzeinlagen in der Show »*Clara Crocodilo*« des Avantgardekomponisten und Sängers Arrigo Barnabé gab.

–

Experimentieren, immer weiter experimentieren. Das war mein Schlüsselwort. Mit diesem Wunsch ging ich aus Brasilien weg und studierte in New York, am Alvin Ailey´s American Dance Center weiter. Mein Durst nach Neuem führte mich dann später nach Europa.

–

In Brasilien pulsiert das Leben vor Spiritualität. Wir werden auf eine spirituelle und energetische Art auf das Leben vorbereitet, wie man es woanders kaum findet. Deswegen hat mich meine Ankunft in New York nicht sonderlich umgehauen. Brasilien - mit seiner Surrealität, seinen wunderbaren Menschen, seiner Religion, seiner Kultur, aber auch der Rassendiskriminierung, dem Elend und der Korruption - hatte mich schon auf die Welt vorbereitet, damit ich meine Visionen realisieren und meine Perspektiven als Mensch und als Künstler erweitern konnte.

–

Ich bin nicht nach Europa gekommen, um Folklore zu verkaufen. Ich bin hier nicht nur mit dem Samba-im-Blut hergekommen. Wenn ich Samba-im-Blut habe, dann weil ich damit aufgewachsen bin. Und dieses Samba-im-Blut hat mich schon in Brasilien gestört. Warum tanzen die alle soviel Samba und sind immer so fröhlich dabei?, habe ich mich gefragt.

Sie müssen irgendein Problem haben. Bei so viel Fröhlichkeit muß es irgendein Problem geben. Was ist die soziale Komponente dieses wunderbaren Samba-im-Blut? Was steckt dahinter, das will ich mir mal ansehen... Ah, sehr interessant! Wenn ich dieses Samba-im-Blut mit dem kleinen Problem zusammenbringe, das da gestern war, finde ich eine neue Komponente und fange an, künstlerisch über das Leben, den Tod, die Ewigkeit, die Schönheit und die Beziehungsprobleme zwischen Menschen, Völkern und Kulturen nachzudenken. Diese Mischung nahm ich mit in einen anderen gesellschaftlichen Kontext. Ich suche eine universelle Sprache, ohne dabei zu vergessen, daß ich Brasilianer bin.

—

Wenn ich meiner Arbeit kulturelle Traditionen anderer Länder einverleibe, integrieren sie sich in meine Wurzeln. Europäer wie Grotowski, Artaud und Francis Bacon sind Teil meiner selbst.

—

Auf die Bühne zu gehen bedeutet, die Leute zu einer Vorstellung einzuladen. Ich habe gelernt, daß ein Künstler großzügig sein muß, er muß sehr viel geben, um etwas dafür zu bekommen. Ich verbrenne meine Lebensenergie auf der Bühne, aber ich schöpfe auch wieder aus dem, was ich vom Publikum bekomme. Wie sagte schon Artaud, der Künstler stellt auf der Bühne nicht nur etwas dar, er durchlebt etwas. Und das Publikum durchlebt dasselbe durch mich. Das ist die große Magie der Kunst.

—

Ich kanalisiere all meine Intuition, meine Spiritualität im Tanz. Wenn ich auf die Bühne komme, sind alle meine Orixás, alle meine Beschützer bei mir.

—

In Berlin stellte ich zunächst einige Arbeiten vor, die ich als Solist in Brasilien entwickelt hatte: »*Phoenix*«, »*Under Skin*«, »*Delirium of a Childhood*«. Ich erinnere mich noch, daß einige Leute nach den Vorstellungen zu mir kamen und sagten: Mein Gott, du bist ja die Reinkarnation Harald Kreuzbergs! Wer, was? fragte ich, der ich noch nie von diesem expressionistischen deutschen Tänzer aus den Zwanzigern gehört hatte. Als ich später Fotos von ihm sah, war ich sprachlos. Das waren meine Hände auf diesem Bild!

–

Bevor ich Chefchoreograph am Deutschen National Theater Weimar wurde, habe ich eine Zeitlang am Theaterhaus Stuttgart gearbeitet. Dort gelang mir mit der Uraufführung des Stückes »*Francis Bacon*« in Zusammenarbeit mit Johann Kresnik ein großer Erfolg in Deutschland. Unter der Regie von George Tabori spielte ich in dem Stück »*Moses und Aron*«, einer Koproduktion des Deutschen National Theaters Weimar und der Oper Leipzig.

–

Und jetzt bin ich in Weimar, als Chefchoreograph. Manchmal finde ich das alles sehr komisch. Wie kommt ein Brasilianer wie ich ausgerechnet nach Weimar, die Wiege der klassichen deutschen Kultur, und dann auch noch in das Theater Goethes? Warum? Das stand nirgends so geschrieben.

–

Aber jetzt sind wir hier, ich und meine internationale Truppe, unter ihnen mehrere Brasilianer, und wir werden sehen, was dabei herauskommt. Gut, der Anfang war überraschend. Wir spielten »*Francis Bacon*« und es war ein riesiger Erfolg. Wir spielten *Othello*, auch in Zusammenarbeit mit Kresnik. Ein großer Erfolg. Danach machten wir ein Stück mit dem brasilianischen Regisseur Gerald Thomas, »*Brief Hi-*

story of Hell«. Und da fing es an zu kriseln. Es war ein beiderseitiges Mißverständnis, die Zusammenarbeit funktionierte nicht, und nachdem wir das Stück eine Zeitlang gespielt hatten, nahm ich es aus dem Repertoire. Dann kam ein Stück, »*Fremd im eigenen Körper*«, das auf einem Drehbuch basierte, das Heiner Müller für mich geschrieben hatte, und es funktionierte genausowenig. Es war zur Premiere noch nicht fertig, aber das ist Vergangenheit, Gott sei Dank. Die nächste Arbeit, »*O Beijo no Asfalto*«, von Nelson Rodrigues, bei dem der Brasilianer Márcio Aurélio Regie führte, erhielt ausgezeichnete Kritiken. Uns gelang eine Mischung aus dem Text von Nelson und den Verhaltensregeln für Schauspieler, geschrieben von Goethe. Die Kritiker liebten es.

–

Manchmal höre ich in Weimar folgendes: »Wie gut, daß du hier bist und eine neue Art von Sprache und kultureller Komponente in die Stadt bringst. Wir wollen nicht immer nur für die klassische Kultur zuständig sein«...

–

Natürlich vermisse ich Brasilien und viele wunderbare Dinge, die es dort gibt! Aber mein Platz ist dort, wo ich meine Arbeit verwirklichen kann. Hier genieße ich den Respekt, die Anerkennung und die Möglichkeit, meine künstlerische Arbeit weiterzuführen, was mich sehr glücklich macht. In Brasilien wäre das kaum möglich gewesen, angesichts der Umstände, die es einem Künstler nicht erlauben, seine Karriere in Ruhe anzugehen. Häufig ist eine Tanzgruppe auf dem Höhepunkt ihrer Berühmtheit und plötzlich ist das Geld alle. Und es kann nicht weitergearbeitet werden. Es gibt kein kulturelles Andenken in Brasilien.

–

Die Tatsache, daß ich Ausländer bin, hat mir bisher nur geholfen, obwohl es eine zweischneidige Sache ist. Aber es ist wichtig hervorzuheben, daß sich der Künstler in einer speziellen Kategorie befindet. Wenn ich Fabrikarbeiter wäre, hätte ich vielleicht viele Probleme rassistischer und sozialer Art aufgrund meiner Hautfarbe. Die Künstlerwelt hat, auch wenn sie davon vielleicht nicht völlig frei ist, erstmal eine größere Aufgeschlossenheit gegenüber der Kommunikation zwischen Menschen, Völkern und Kulturen.

–

Die Bevölkerung von Weimar hat unsere Tanztheater-Kompanie angenommen. Das Publikum dieser kleinen Stadt behandelt uns extrem herzlich. Ich fühle mich hier wohl. Aber vor kurzer Zeit habe ich das ehemalige Konzentrationslager Buchenwald besucht, das in der Nähe von Weimar liegt, und mir wurde richtig schlecht. Als ich diese schrecklichen Bilder sah, das ganze Material über die Ausrottung, über Menschen, die andere Menschen verbrennen, sagte ich zu einem deutschen Freund, der mich begleitete: »Es gibt soviele Gruppen von Neonazis in dieser Gegend. Mein Gesicht ist jede Woche in allen Weimarer Zeitungen zu sehen. Mindestens einmal im Monat bin ich im Fernsehen. Es ist total leicht herauszufinden, wo ich wohne und arbeite. Warum haben mich die Neonazis noch nicht geschnappt?« Er lachte und sagte: »Du darfst sie nicht unterschätzen. Sie wissen genau, daß, wenn dir etwas passiert, sich die gesamte deutsche Presse darauf stürzt...«

–

Insgesamt ist meine Arbeit provokativ. Ich versuche, die Sinne der Leute zu schärfen, sie auf existentielle Problematiken hinzuweisen. Ich weiß nicht, ob ich ein Thema anschneiden würde, das direkt mit den Neonazis zu tun hat. Aber wenn man es genau betrachtet, ist meine Arbeit das genaue Gegenteil der nationalistischen Ideologie, von dem, was sie für richtig halten. Auf jeden Fall hat meine Position am Deutschen National Theater Weimar schon ein sinnbildliches Gewicht. Wie sagte noch ein deutscher Kritiker?: Ich bin der erste Schwarze, der solch ein Amt an einem staatlichen deutschen Theater innehat. Und das ist schon sehr wichtig.

–

Meine internationale Erfahrung hat mein Leben ungemein bereichert. Ich habe entdeckt, daß die Gemeinsamkeiten sehr viel größer sind, als jedwede Unterschiede, die sich feststellen lassen. Trotz unterschiedlicher Rasse, Hautfarbe, Sprache, Religion oder sozialer Bedingungen ist ein Mensch immer noch ein Mensch. Und der Ausdruck des Menschlichen ist die eigentliche Schönheit.

–

Meine nächste Arbeit? »Mephisto«. Ich hoffe, das Publikum ist gewappnet.

Ana Maria Mondini

Ich bin immer noch an keinem Ort, denn es gibt keinen Ort. Es gibt das Unterwegssein. Die Bewegung.

Ana Mondini, nach Ítalo Calvini

Es gibt eine Figur in einer Erzählung von Ítalo Calvini, mit der ich mich sehr identifiziere. Sie heißt Palomar. In der Erzählung spricht sie von der Unmöglichkeit, das Geheimnis der Wellen zu lüften. Es hat keinen Sinn, sie festhalten zu wollen. Ihr Schaum ist immer ein anderer, die Bewegung immer eine andere. Das Meer wiederholt sich nie.

Palomar ist mein Alltag. Alles, was zu sein scheint, ist nicht. Und könnte sein. Alles, was ich glaube, das ist, ist nicht. Und könnte sein.

Seitdem ich vor zwei Jahren nach Deutschland kam, kommen die Fragen, sie kommen wie Wellen, die sich am Strand der Ratlosigkeit auflösen. Es scheint, als treibe ich im Meer. Es ist völlig verrückt, 44 Jahre alt zu sein und umherzutreiben. An manchen Tagen finde ich es wunderbar. Ich bin an keinem Ort, na und, was macht das für einen Unterschied? Warum muß ich an einem Ort sein? Ich bin in Bewegung.

Ich bin Tänzerin, ich bin als Tänzerin geboren. Eine Berufung, von der ich nicht einmal weiß, woher sie kommt, irgendwie atavistisch, es steckt mir im Blut, es liegt in der Familie, in meinen Wurzeln. Ich hatte keine andere Wahl. Der Tanz sollte mein Leben sein, mein Weg, ein äußerst dankbarer und erfolgreicher Weg, wie ich finde. Solistin am Ballett von São Paulo, an der Spitze der Truppe. Choreographieassistentin am Ballett des Theater Castro Alves, in Salvador da Bahia. Und viele Jahre als Freie, in denen ich Stücke für

Tanz-, Theater- und Musicalgruppen entwickelte, mit neuen ästhetischen Möglichkeiten experimentierte, Informationen sammelte, immer besser wurde und wichtige Preise gewann. Eine schwierige, unstabile, gehetzte Phase. Irgendwann hatte ich meine eigene Truppe, die República da Dança, die Tanzrepublik. Aber du weißt ja, wie es in Brasilien ist. Auf dem Höhepunkt unserer Arbeit löste sich die Gruppe aus Mangel an Unterstützung auf. Dieser brutale Abbruch frustrierte mich sehr.

Ich bin überzeugt davon, daß ich heute in einer anderen Position wäre, wenn ich meine Karriere in Deutschland begonnen hätte. In Brasilien ist der finanzielle Ertrag aufgrund der wirtschaftlichen Instabilität des Landes lächerlich. Und ich finde, das Mindeste, was man vom Leben erwarten kann, ist Würde und seine Miete zahlen zu können, die Schule für die Kinder und was man braucht, um gesund zu bleiben. Das ist das Mindeste! Als ich sah, daß noch nicht mal das der Fall war, brüllte ich, ich halte es nicht mehr aus, ich werde alt, ich brauche Ruhe! Aber in São Paulo, bei all dem Elend und der Gewalt, findet man einfach keinen Frieden mehr.

Was das Faß zum Überlaufen brachte, war der Tag, an dem ich an einer Ampel von Kindern überfallen wurde. In jener Stunde empfand ich etwas, das ich nicht von mir kannte: Haß! Es war schrecklich, so sehr, daß ich wütend wurde – nie, niemals will ich wieder so etwas fühlen! Noch sollen meine Kinder je so einen Haß empfinden! Ich muß hier raus, ich muß atmen, meiner Familie eine Chance geben.

Beruflich ging in meinem Leben ein Zyklus zu Ende. Nachdem ich in São Paulo alles getan hatte, was ich hatte tun wollen, dachte ich mir, dies wäre der richtige Augenblick wegzugehen und von außen zu betrachten, was ich geschafft hatte. Sonst würde ich mich im Kreis drehen und Gefahr laufen, auszubrennen. Mit diesen Fragen schlug ich mich herum, als mich Ismael Ivo einlud, Choreographieassistentin am Deutschen Nationaltheater in Weimar zu werden. Ich brauchte

drei Monate Bedenkzeit, bis ich ja sagte. Schließlich habe ich drei Kinder und der Umzug würde auch sie beeinträchtigen. Zu dem Zeitpunkt wohnte mein Mann, Umberto da Silva, mit dem ich seit zwanzig Jahren zusammenlebe, bereits in Portugal, wo er am Gulbenkian-Ballett arbeitete. Ich dachte lange nach, sprach mit den Kindern... Kinder haben etwas sehr Schönes, nämlich die Bereitschaft, sich zu verändern, etwas auszuprobieren. Wollen wir? Ja, wir wollen! Wenn es gut geht, schön, wenn nicht, kehren wir zurück. Was wir in Brasilien gemacht haben, haben wir gemacht. Wir können unser Leben jeden Moment wieder aufnehmen.
Ich kam direkt nach Weimar, eine wunderschöne Stadt, voller Magie! In der ersten Zeit ging ich mit ganz offenen Augen durch die Straßen und beobachtete alles; ich war hingerissen. Ich ginge immer zu denselben Orten, aber es waren nie dieselben! Das Grün der Bäume, die Schatten, das Licht, alles war in Bewegung...
Ich war beeindruckt von der Schönheit, aber auch von der Schwere Deutschlands. Die Schwere der Kälte, des Graus, der vielen Kleider. Die Füße und die Rücken der Menschen. Hier ist immer irgend etwas zwischen dem Fuß und dem Boden, die Haut bleibt nicht haften, es gibt keinen Austausch von Energie zwischen dem Körper und der Erde. Und der Rücken krümmt sich unter dem Gewicht der Kleidung, die Brust verschließt sich und sie verschließt das Chacra des Herzens. Alle gehen gekrümmt und ohne den Boden zu berühren. So ist es ihnen unmöglich, mit der ganzen Haut zu atmen! Es ist unmöglich, über die Hautoberfläche mit der Außenwelt zu kommunizieren und eine vollkommene Harmonie zwischen dem Körper und der Welt aufzubauen!
Ich verspürte ebenfalls eine Undurchlässigkeit der Menschen in bezug auf mich als Ausländerin und Vertreterin einer anderen Kultur. Das heißt... ein Teil der Bevölkerung ist neugierig und will wissen, wer das ist, wer da gekommen ist. Aber ein anderer Teil lehnt uns ab, weil er alles ablehnt, weil er

vor allem sich selbst ablehnt. Und wenn man sich selbst nicht akzeptiert, dan kann man auch nichts anderes akzeptieren.
Dieses NEIN machte mich bestürzt. Mein Gott, ich bin Brasilianerin, das Produkt einer Mixtur aus vielen verschiedenen Rassen. Ein Großvater aus Österreich, einer aus Ungarn, ein Vater, der fließend deutsch und polnisch spricht, portugiesische und italienische Vorfahren. Ich bin ein Kind Europas, und ich komme hierher und bekomme ein kategorisches NEIN!
Und in Brasilien gibt es so viel Offenheit für alles mögliche... wie bei einem Kind... alles, was kommt ist willkommen, wird akzeptiert, verarbeitet, wiederverarbeitet, ins Brasilianische eingegliedert. Was ist das für eine Offenheit? Was bedeutet sie für uns?
Fragen, Fragen. Ja, nein, nein, ja. Ist es wirklich Ablehnung, die ich hier erfahre? Oder nur Angst, die ein normaler Bestandteil meiner Suche nach Identität ist? Jeder Brasilianer, den ich in Deutschland getroffen habe, hat mir gesagt, diese Phase würde mindestens zwei Jahre andauern. Du mußt die ganze Zeit daran arbeiten, herauszufinden, was zu dir gehört und was nicht, wo du dich anpassen mußt und was du aufrechterhalten mußt, nicht unbedingt durch Streit, aber dadurch, daß man sich Achtung verschafft. Ich hoffe, das ist bald vorbei, damit ich endlich ein bißchen mehr Ruhe habe.
Was mich im Moment am meisten beunruhigt, ist das Gefühl von beruflichem Waisentum. Hier habe ich kein Vorher! Alles, was ich in Brasilien gemacht habe, zählt nicht. Als wären meine Erfolge, meine Geschichte als Solotänzerin, Choreographin und Regisseurin nichts wert. Sie zählen nur für mich, denn ich weiß von ihrer Existenz, sie stehen auf meinem Körper geschrieben, in meinen Worten, in meinem Verhalten.
Das ist ein großer Konflikt, aber andererseits auch eine Wahl, die ich verantworten muß. Und ich weiß, daß diese Entscheidungen unser Schicksal formen, aber man kann sie auch

rückgängig machen. Ich bin mir sicher, daß ich einen anderen Weg einschlagen kann, sobald ich es will. Freunde, Familie, eine Menge schöner Dinge erwarten mich in Brasilien. Aber auch all die Schwierigkeiten. Aber soweit ist es noch nicht. Ich stehe nur gerade am Anfang eines Zyklus, der nicht einfach ist. In Augenblicken der Verzweiflung bleibe ich stehen und blicke zurück auf die Vergangenheit: Warte mal! Warum bin ich nochmal hergekommen? Was hat mir an meinem Land nicht gefallen?

Ach ja, jetzt erinnere ich mich. Die Gewalt, die Unsicherheit! Aber auch hier gibt es Gewalt! Gestern noch habe ich eine Schlägerei zwischen Skinheads und Punks mitten in der Stadt gesehen, daß sich mir die Haare sträubten. Es ist furchtbar, wenn man auf die Straße geht und auf den Boden gucken und vor schwarzen Stiefeln mit weißen Schnürsenkeln reißaus nehmen muß.

Unsicherheit. In Brasilien hatte die Unsicherheit ihre Grenze erreicht. Hier ist alles sehr organisiert und ruhig, die Leute haben mehr Zeit, sich neu zu orientieren, wenn es sein muß. Aber ich finde das nicht mehr so absolut wichtig. Wichtig schon, aber nicht lebensnotwendig. In Brasilien war es lebensnotwendig. Hier stelle ich den Preis in Frage, den man für diese Stabilität zahlt.

Ich weiß nicht, manchmal glaube ich, der Preis ist ein grundlegender Mangel an Lebendigkeit. Wo ist das Prinzip der Natur geblieben, das jedes Lebewesen steuert? Wer hat es beschnitten? Wo ist die Spontaneität geblieben? In Deutschland bellen die Hunde nicht, die Katzen miauen nicht und die Kinder weinen nicht. Ich schätze, die Kinder haben es aufgegeben zu weinen, weil sie wissen, daß niemand sie in den Arm nimmt.

Es herrscht einfach ein Mangel an Zuneigung, da läuft doch etwas falsch. Wo ist die Liebe, das Mitleid, die Zärtlichkeit? Wenn ich mich umschaue, merke ich, daß die Zuneigung bei diesem Volk verschüttet ist!

Meine Tochter, die 17 Jahre alt ist und in Weimar zur Schule geht, ist nicht meiner Meinung. Sie sagt, daß es Zuneigung gibt, aber anders, auf für mich noch unverständliche Weise.
Ich weiß nicht, ob ich es verstehe oder nicht. Ich weiß, daß ich mir Mühe gebe und noch wahnsinnig werde vor Kummer. Wie soll man zum Beispiel das Verhalten der Lehrerin meiner Tochter verstehen, die ihr in der Englischklausur ein paar Punkte abgezogen hat, nur weil ihr »A« anders aussieht als das »A« der deutschen Kinder? Seit wann werden einem in einem Englischtest aufgrund der Handschrift Punkte abgezogen? Was ist denn das für eine Pädagogik? Ich glaube, ich spinne!
Es kommt ein Moment, in dem man nicht mehr weiß, ob die Dinge so sind, weil sie so sind, oder ob alles nur Fantasie ist. Nämlich wenn die Angst sich breitmacht und man immer auf der Hut ist...
Manchmal ist es die Schwierigkeit mit der Sprache, die mich unsicher macht. Ich weiß nicht, ob ich alles richtig verstehe, was um mich herum geschieht. Immer muß ich jemanden fragen: War es wirklich das, was ich verstanden habe?
Alles, was zu sein scheint, ist nicht. Und könnte sein. Alles, was ich glaube das ist, ist nicht. Und könnte sein.
In Brasilien wurde ich auch von Fragen überschwemmt. Aber während ich mich etwas fragte, tat ich etwas. Die Antworten kamen schneller, weil ich eine Geschichte hatte, ein Vorher.
Vielleicht sollte ich in den Ferien nach São Paulo fahren, um die Antworten zu finden. Vielleicht bringt mir mein eigener Alltag in Deutschland die Antworten. Vielleicht wird die Notwendigkeit von Antworten eines Tages irrelevant.

Ricardo Viviani

»Dieses ganze Land ist sehr traurig... Dort, wo ich früher lebte, war es weniger traurig. Wenn es dunkel wurde, saß ich an meinem Fenster und spinnte. Das Fenster führte aufs Meer hinaus und manchmal war in der Ferne eine Insel zu sehen... Oft spinnte ich nicht; ich sah auf das Meer und vergaß das Leben. Ich weiß nicht, ob ich glücklich war... Ich werde es schon nicht mehr werden, was ich vielleicht nie geworden wäre...«

Fernando Pessoa

Brasilien ist Teil eines Zyklus, der sich um meine achtzehn Jahre schloß, als ich zum ersten Mal ins Ausland fuhr. Natürlich habe ich noch immer Heimweh... aber ich habe von Kind an gelernt, mit der Abwesenheit zu leben. Wie soll ich es dir erklären? Meine Mutter starb, als ich ein kleiner Junge war, und irgendwann war es normal für mich, ohne sie aufzuwachsen. Sie hat mir sehr gefehlt, aber gleichzeitig war sie auch in mir drin. So geht es mir auch mit meiner Heimat und dem Gefühl, Brasilianer zu sein – ich trage sie in mir. Meine Wurzeln stecken in einem Gefäß, das ich überall bei mir trage. Vielleicht ist es deswegen, weil ich so früh gelernt habe, mich nicht an die Dinge zu klammern, daß ich nicht erwarte, daß die Dinge so bleiben, wie sie schon immer waren, und daß ich mich so schnell an anderen Orten einlebe.
Die meisten Brasilianer stammen von Einwanderern ab. Die Vorfahren meines Vaters waren Italiener aus Verona, die vor dem Ersten Weltkrieg nach Brasilien kamen, als die vielversprechendste Alternative noch die Neue Welt war. Nach oben oder nach unten? Sie waren sich nicht sicher. Wie gut, daß sie sich für Südamerika entschieden!

Die Familie meiner Mutter lebte seit vierhundert Jahren im Inland des Staates São Paulo. Ich bin in Bexiga geboren, dem italienischen Viertel von São Paulo.
Zu Hause hielten wir die Rituale der italienischen Kultur aufrecht. Die üppigen Mahlzeiten an den Sonntagen, die Sprache. Ich erinnere mich, daß ich manchmal auf der Straße versuchte, mich in dem Dialekt zu verständigen, den wir zu Hause sprachen, aber niemand verstand mich. Ich habe sehr gekämpft, um richtig Portugiesisch zu lernen.
Am Ende meiner Teenagerzeit entdeckte ich die Welt der Kunst. Ich begann meine Karriere als Tänzer am Ballett in São Paulo, wo ich Ana Maria Mondini und Umberto da Silva kennenlernte, mit denen ich heute in Weimar zusammenarbeite. Zu jener Zeit hatte ich außerdem meine erste Show mit Ismael Ivo, dem heutigen Chefchoreographen des Deutschen National Theaters in Weimar, wo ich heute arbeite.
Mit achtzehn hatte ich das Gefühl, noch nicht ausgebildet genug zu sein und beschloß, Unterricht in New York zu nehmen. Abgesehen von einer kurzen Zeit, in der ich nach Brasilien zurückkehrte, verbrachte ich zehn Jahre in den USA, in denen ich mich voll und ganz dem Tanz widmete. Ich besuchte mehrere Kurse und entwickelte viele eigene Shows, in denen ich als Solist auftrat. Außerdem nahm ich eine Arbeit auf, die ich an der Hochschule für Musik und Tanz in São Paulo begonnen hatte: eine vergleichende Forschungsarbeit non-verbaler Kommunikation. Es war ein Studie über das gestische Verhalten verschiedener Völker. Als Ausländer konnte ich die anderen aus der Distanz heraus beobachten und gleichzeitig Neues an meinen eigenen Bewegungen entdecken. Von dieser Forschung ausgehend entwickelte ich Choreographien und Shows. Das war eine äußerst reiche Erfahrung!
Ende der achtziger Jahre trat New York in eine tiefe wirtschaftliche Krise und die ersten, die die Auswirkungen zu spüren bekamen, waren die Künstler. Als ordentlicher Italie-

ner packte ich meine Koffer – damals schon nicht mehr wenige – und nahm das nächste Flugzeug Richtung Italien, mit Zwischenstop in Amsterdam. Dort besuchte ich ein paar Bekannte und verschiedene Tanztruppen, um zu sehen, was für Möglichkeiten es gab. Von dort kam ich nach Deutschland, wo ich bis heute geblieben bin.

Als ich ankam, bekam ich einen großen Schrecken und war erstmal wie gelähmt. Das war ein totaler Bruch in meinem Leben als Künstler. Mein Repertoire, das in den USA und in Brasilien sowohl bei der Kritik als auch beim Publikum wunderbar angekommen war, lief hier überhaupt nicht. Ich begann, an der Universalität der Kunst zu zweifeln. Wie kommt es, daß ein Stück an einem Ort funktioniert und an einem anderen nicht? Eine der ersten Shows, die ich in Deutschland gab, hatte AIDS zum Thema. In New York war es ein großer Erfolg gewesen, aber die Deutschen verstanden es überhaupt nicht. Sie konnten nicht abstrahieren, sie betrachteten das Ganze pragmatisch und nahmen es wörtlich, sie interpretierten es als eine deprimierende subjektive Erfahrung, obwohl es in Wirklichkeit eine starke Kritik am Gesundheitssystem war, am Mangel an angemessenen Therapien, an der kalten und unpersönlichen Behandlung, die den Patienten zuteil wurde. Ich beschloß, diesen Weg aufzugeben und es mit Humor und Ironie zu probieren. Ich holte den brasilianischen Modernismus in der Figur des Serafim Ponte Grande hervor, einem lustigen Bericht von Oswald de Andrade über seine kannibalistische Einverleibung der europäischen Kultur. Erst damit gelang es mir, den Dialog mit dem deutschen Publikum aufzunehmen, sie zu erreichen und angenommen zu werden.

Aber bevor der Nebel sich lichtete, bin ich durch eine lange Phase der Depression gegangen. Ich war ziemlich durcheinander, weil einfach nichts richtig lief. Großartige Verträge, die man mir versprach, kamen nicht zustande, aufsehenerregende, tolle Pläne gingen den Bach runter. Es war eine sehr

schwierige Phase, aber ich beschloß, nicht klein beizugeben, bis ich verstanden hatte, wie die Dinge liefen, und mich zurechtfand. Ich glaube, wenn ich in diesen harten Zeiten zurück in die USA oder nach Brasilien gegangen wäre, dann wäre ich nicht mehr nach Deutschland gekommen.
Langsam habe ich mich an dieses Land gewöhnt und mir meinen Platz geschaffen... Ich schloß mich einer Vereinigung von Tänzern in Köln an, half, Festivals zu organisieren, machte weiterhin meine eigenen Produktionen, gab Tanzunterricht, choreographierte für PR-Agenturen und hatte sogar irgendwann mein eigenes Studio. In materieller Hinsicht war mein Leben komfortabler als in New York.
Heute, nach einer langen Zeit des Kampfes, weiß ich, daß ich als Mitglied des Deutschen National Theaters Weimar etwas besonderes erreicht habe. Es ist, als zelebrierte ich das Ergebnis aus allem, was ich gelernt habe, was der Tanz mir gegeben hat und der Erfolg, den ich durch Ismael Ivo erreicht habe. Mit ihm zu arbeiten, mit Ana Maria Mondini, mit Mara Borba und anderen Leuten aus der Zeit in São Paulo ist wie ein Fest in diesem neuen Jahrtausend. Ich hoffe, noch lange Zeit weitermachen und tolle Projekte verwirklichen zu können, so wie mein großes Vorbild George Tabori, der Regisseur unseres Stückes »*Der nackte Michelangelo*«, der mit 85 Jahren eine Ikone des deutschen Theaters ist.
Ich habe meinen Frieden gefunden in Deutschland. Mein Haus in Weimar gefällt mir, es gibt einige Menschen, die ich sehr gern mag und ich freue mich, ohne Angst durch die Straßen gehen zu können. Es ist toll, eine finanzielle Sicherheit zu haben, ruhig durchatmen zu können ohne die Paranoia, wie ich sie aus Brasilien oder den USA kenne. Ich muß sagen, daß sich mein Bild von diesem Land und den Deutschen während der Jahre radikal gewandelt hat. Anfangs war ich beeinflußt von dem, was ich in den USA über die Deutschen gehört hatte: daß sie böswillig, ausbeuterisch und nationalsozialistisch veranlagt seien. Ich glaube das nicht

mehr, genauso wenig, wie ich an den Mythos vom blutsaugenden Deutschen glaube, der die Lebensfreude und Energie anderer Völker aufsaugt. Ich denke, sie versuchen lediglich, aus dem Brunnen rauszukommen, in den sie sich selbst geworfen haben. Es ist der Versuch eines Auto-Exorzismus, sich von einer negativen historischen Last zu befreien und sich an die anderen anzupassen...

Wenn ich einem Brasilianer, der gerade nach Deutschland kommt, einen Rat geben müßte, würde ich ihn bitten, toleranter und weniger arrogant gegenüber den Deutschen zu sein, zu versuchen, ihre guten Absichten zu entdecken. Manchmal sind wir trotz unserer Rassenvielfalt so kompromißlos in unserem Brasilianertum, daß wir uns nicht einmal die Mühe machen, die Mentalität des Landes zu verstehen, das uns aufgenommen hat.

Augusto Valente

Über den Mythos der Überlegenheit der Deutschen

Bevor ich Anfang der achtziger Jahre mit einem Stipendium vom DAAD für Elektronische Musik an die Universität Köln kam, bedeutete Deutschland für mich vor allem deutsche Kunst, die ich zutiefst bewunderte. Während meines Kompositionsstudiums in Rio de Janeiro lernte ich die wunderbare Welt von Bach, Wagner, Schönberg und Weber kennen. Ich liebte das Theater und las viel von Heiner Müller, dessen neoexpressionistische Dramaturgie mir sehr gefiel. Wenn ich Thomas Mann las, dachte ich, es könne kein besser strukturiertes und konsequenteres Denken als das deutsche geben. Um die Arbeiten dieser Künstler im Original lesen zu können, begann ich am Goethe-Institut in Rio deutsch zu lernen. Damals mit Anfang 20 war ich noch eingenommen vom Mythos der allgemeinen Überlegenheit der Europäer und zu jener Zeit besonders der Deutschen. Ich erinnere mich, wie schockiert ich war, als eine brasilianische Deutschlehrerin, die eine Zeitlang in Deutschland gewesen war, im Unterricht sagte: »Wenn ich auf dieser Reise etwas gelernt habe, dann daß die Überlegenheit der Europäer nur ein Mythos ist«. Das konnte ich nicht glauben. »Was soll das heißen, sie sind uns nicht überlegen«. Ich mußte erst selbst nach Deutschland kommen, um zu erkennen, wie relativ solche Behauptungen sind. Wenn wir eine Kultur, in diesem Fall die deutsche, mit den Kriterien beurteilen, die diese selbst vorgibt, dann führt das nirgendwo hin, höchstens zur Entstehung eines Mythos. Das war in meiner Jugend nicht selbstverständlich für mich. Ich wollte etwas Besseres sein, als ich war. Erst in Europa merkte ich, daß ich so gut bin, wie ich bin. Das war eine wesentliche Entdeckung.

Über die ersten Eindrücke von Volk und Städten

Die erste Stadt, in der ich in Deutschland wohnte, war Freiburg im Schwarzwald. Ich war hingerissen von der außergewöhnlichen Schönheit der gothischen Kathedrale und den anderen mittelalterlichen Bauten dieser kleinen Stadt, die von einem Fluß durchquert wurde. Gleichzeitig störte mich ihre Sterilität, alles sah aus wie gerade erst gereinigt und frisch angemalt, damit man es ansehen und bewundern konnte. Manchmal hatte ich das Gefühl, daß nichts davon echt war. Wie auch immer, ich mochte Freiburg und die Liebenswürdigkeit seiner Bewohner sehr, sie waren viel netter als in Köln, wo ich später hinzog. Ein Großteil der Nachkriegsarchitektur in Köln, das während der Bombardierung weitgehend zerstört wurde, ist in aller Eile entworfen worden und von grauenhafter Häßlichkeit. Ich war geschockt vom Mangel an urbaner Ästhetik und der Schroffheit der Kölner, die ich damals viel zu wichtig nahm. Vielleicht war dieser Eindruck auch ein wenig bedingt durch mein Minderwertigkeitsgefühl, das die andere Seite der Bewunderung für die deutsche Kultur darstellte. Ich hatte den Eindruck, die Unfreundlichkeit der Leute richte sich gegen mich, weil ich anders bzw. minderwertig war. Heute sehe ich das schon etwas anders, denn ich weiß von der volkstümlichen Seite hinter diesen schlechten Manieren, aber damals war ich schockiert. Jetzt sehe ich diese mir fremden Verhaltensregeln mit mehr Gelassenheit, habe aber nicht die geringste Absicht, sie anzunehmen. Und ich fühle mich auch in keinster Weise mehr minderwertig.

Über die schroffe Mentalität

Was mich nach zehn Jahren in Deutschland immer noch schockiert, ist eine weitverbreitete Sturheit, eine organisierte Dummheit, die scheinbar logisch, aber erdrückend ist, weil sie direkt zu emotionaler und kreativer Verstopfung führt. Es existiert ein fast schon autistisches Verlangen nach klaren Strukturen und einem vollkommen vorhersehbaren Ablauf der Dinge, was zu einer unerträglichen Strenge führt. Diese Unfähigkeit, Entscheidungen spontan zu fällen, zu improvisieren, ist in der gesamten Gesellschaft spürbar, besonders in der deutschen Bürokratie, vor der ich anfangs große Angst hatte. Jedesmal, wenn ich zur Ausländerbehörde ging, um mein Studentenvisum zu verlängern, verlangten sie nach neuen Papieren und Zeugnissen... Oft mußte ich zwei oder drei Mal wiederkommen und bekam das Visum für höchstens ein Jahr. Dieses System, die Aufenthaltserlaubnis nur von Jahr zu Jahr zu erteilen, verunsichert jeden. Es ist ein richtiger psychologischer Terrorismus. Gott sei Dank habe ich heute ein unbefristetes Visum. Obwohl sie scheinbar so logisch sind, ließen die Vorschriften der Ausländerbehörde doch einige Willkür durchscheinen. Als mein DAAD-Stipendium auslief, mußte ich Geld verdienen und erhielt eine Arbeitserlaubnis lediglich für die Semesterferien der Musikhochschule. Aber ich kannte Studenten, die zwanzig Stunden pro Woche arbeiten durften, und zwar während des laufenden Semesters. Warum behandelte man mich anders als sie?

Über die berufliche Würde

Neben Übersetzungen war einer der Jobs, die ich machte, um mich über Wasser zu halten, auf einer Messe für Männermode. Als Nachtwächter zu arbeiten hat mir persönlich eine Menge gebracht. Anfangs mußte ich gegen meine Vorurteile

ankämpfen. Würde ich als Künstler und Intellektueller an Wert verlieren? In Brasilien ist diese Art von Arbeit, die normalerweise von nichtqualifizierten Arbeitskräften verübt wird, schlecht bezahlt und schlecht angesehen. Diese soziale Starrheit ist ein Überbleibsel unserer Sklavenmentalität.
Eines der großen Verdienste Deutschlands ist die Würde, die man jeder Beschäftigung entgegenbringt, niemand verliert an Ansehen, weil er etwas tut, das getan werden muß. Der Wachdienst ist genauso wichtig wie andere Arbeiten und wird gut bezahlt. Es ist völlig normal, daß ein deutscher Student die harte Seite des Lebens kennenlernt und als Nachtwächter, Taxifahrer oder Kellner arbeitet. Nach dieser Erfahrung dachte ich anders über das Wesen der Arbeit und über gesellschaftliche Anerkennung.

Über den Respekt gegenüber dem Künstler

In Deutschland hat man großen Respekt vor der Arbeit eines Künstlers und es gibt viel Raum für die verschiedenen Ebenen der Kultur. Ich habe hier gute Bedingungen, um mich als Komponist, Dramaturg und Theaterregisseur weiterzuentwickeln, denn es gibt unzählige Möglichkeiten, sich in ein Thema einzuarbeiten, sei es durch die ausgezeichneten Fernsehdokumentationen, sei es in gut sortierten Bibliotheken und Musikarchiven. In Brasilien, wo die Leute immer noch vor Hunger sterben und Kulturgut privatisiert und teuer ist, ist Kultur weiterhin das Privileg einer Minderheit und die Kunst etwas Überflüssiges. Es ist eine traurige Situation und eine Schande.
Vielleicht weiß ich deswegen das große kulturelle Angebot zu schätzen und die Möglichkeit in einer gewissen Ruhe zu arbeiten, ohne immer ums Überleben kämpfen zu müssen. Bei mir besteht also nicht die Gefahr, daß ich mich langweile, wie es dem Mitteleuropäer eigen ist, der das Gefühl kultiviert, alles schon gemacht und gesehen zu haben.

Ich habe hier außerdem etwas, das für meinen Beruf als Komponist wesentlich ist: Ruhe und Privatsphäre. Meine Privatsphäre ist weniger angegriffen als in Brasilien, wo Fußball und Karneval auf einen einstürmen und man von Verkehr und lauten Nachbarn gestört wird. In Deutschland muß ich nicht kämpfen, um mir meine Grenzen aufrechtzuerhalten und meine Nische zu verteidigen, von der ich nicht will, daß sie jemand ohne meine Erlaubnis betritt.

Über das Bild der Deutschen von Brasilien

Es ist wirklich traurig, ich wollte es erst gar nicht glauben, aber es ist wahr, die meisten Deutschen haben immer noch ein sehr stereotypes Bild vom Brasilianer. Für sie ist Brasilien Samba, Karneval, Fußball, soziales Elend und Kriminalität.
Diese Vorurteile rühren von einer subtilen, versteckten Diskriminierung im Sinne Foucaults her, einer Mikrodiskriminierung im Alltag, die viele Brasilianer betrifft, die ich kenne, so wie sie auch mich schon betroffen hat.
Als ich an die Musikhochschule kam, wunderten sich einige deutsche Mitstudenten, daß ich die Musik von Bach besser als viele von ihnen kannte. Wie ist das möglich, dachten sie sich, daß jemand, der mitten aus dem Dschungel kommt, sich so gut mit einem deutschen Komponisten aus dem Barrock auskennt?
Außerhalb der Schule dachte man meistens, ich sei Komponist von Samba, oder Bossa Nova, oder irgendwas in der Art, niemand war der Meinung, ich könnte mich mit E-Musik beschäftigen... Was, wieso, ich dachte, in Brasilien gibt es nur Samba und Papageien? Wer mich kennt, weiß inzwischen, daß meine Musik nicht das Geringste mit Folklore zu tun hat...

Über die Wichtigkeit guter Freundschaften

Man hält fast alles aus und kann fast überall leben, wenn man gute Freunde um sich hat. Mein Werdegang in Deutschland ist geprägt von guten Freundschaften, seit meiner Ankunft, als mich eine Deutsche am Flughafen abholte und mir half, in Freiburg eine Übernachtungsmöglichkeit zu finden. Wir sind sehr gute Freunde geworden und die Beziehung hat sich für mich als sehr wichtig erwiesen, vor allem in den ersten beiden Monaten. Mit ihr konnte ich Erfahrungen austauschen, von meinen Ängsten und Sehnsüchten sprechen...
Normalerweise wird man, bevor man in Deutschland Freunde gewinnt, einer strengen und zermürbenden Auswahl unterzogen. Man wartet tagelang vor der Haustür von jemandem, um in sein Herz vorgelassen zu werden, aber hat man dieses Initiationsritual erst mal hinter sich, dann hat die Freundschaft auch Bestand. Anders als in Brasilien, wo die Fluktuation größer ist; die Leute kommen und gehen sehr viel schneller und häufiger aus deinem Leben, ohne große Beständigkeit.
Es war diese Freundschaft zu einigen sehr großherzigen Menschen, mit unbestreitbaren menschlichen Qualitäten, die mir das Drama, in einem fremden Land zu leben, sehr viel erträglicher gemacht hat.

Antonio Dias

Ein guter Ort zum Leben? Der, wo ich ohne große Unannehmlichkeiten Künstler sein kann. Im Moment ist das Deutschland, genauer gesagt Köln, das internationale Zentrum der bildenden Künste, mit seinen unzähligen Galerien, Museen zeitgenössischer Kunst und Ausstellungen auf höchstem Niveau. Da es nur einen Katzensprung von Frankreich, Holland und Belgien entfernt ist und die europäischen Kuratoren und Kritiker sehr mobil sind, ist es nicht schwer, die Kunstwerke in all diese Länder zu bringen. Es herrscht ein starker Austausch von Informationen, sei es durch Ausstellungen, sei es durch die unzähligen Kunstmagazine. Jeder Künstler hat sein Atelier, reist viel und macht Ausstellungen im Ausland. Und es existiert eine Kontinuität im Arbeiten, ein Vorausschauen. Wenn ich eine Ausstellung in zwei Jahren mit einem deutschen Museum ausmache, kann ich sicher sein, daß sie stattfindet, auch wenn vorher die Welt untergeht.

In Brasilien haben die bildenden Künste mit vielen Widrigkeiten zu kämpfen. Es herrscht ein grundlegender Mißstand: die Produktion von Kunstbüchern und Katalogen ist unglaublich teuer, es gibt nur sehr wenige Fachzeitschriften und viele Materialien dürfen nicht importiert werden. Kunstfotografen sind spärlich gesät, die Rahmen sind teurer als hier. Ganz zu schweigen davon, daß abgesehen von Rio und São Paulo Galerien und Museen selten sind. Sogar in Rio, wo das künstlerische Ambiente am Brodeln ist, gibt es nur wenig mehr Galerien als Mitte der sechziger Jahre, als ich von dort nach Paris zog. Brasilien ist nicht nur das Land des Chaos, sondern auch ein Land ohne Gedächtnis. Selbst

wenn der Künstler anerkannt ist, muß er stets aus dem Nichts anfangen, bei jeder neuen Arbeit.
Ich lebe seit mehr als dreißig Jahren in Europa und habe vorläufig nicht die geringste Absicht, in meine Heimat zurückzukehren. Ich will hierbleiben, meine Arbeit und meine Präsenz auf dem internationalen Markt festigen.
Das erste europäische Land, das ich kennenlernte, war Frankreich, wo ich sofort hinzog, nachdem ich den Preis der Biennale der Malerei in Paris erhalten hatte, mit 21 Jahren. Das war 1965, während der Militärdiktatur in Brasilien, und ich schlug mit meiner Arbeit einen Weg des Protestes ein, womit ich ziemliches Aufsehen erregte, das bis nach Europa drang. Ein französischer Kritiker schrieb begeistert: »Es wäre schön, wenn auch Frankreich solche jungen Künstler hätte«. Der Preis der Biennale öffnete mir die Türen zur französischen Hauptstadt, wo ich sofort zur Crème der Künstlerszene gehörte, Einzelausstellungen hatte und Angebote von nahmhaften Galerien bekam. Aber zu der Zeit interessierte ich mich weder für die Haltung der Franzosen, der Nabel der Welt sein zu wollen, noch für die Kunst, die dort produziert wurde: Protestkunst im Popgewand, basierend auf den Massenkommunikationsmitteln, Comicgeschichten, Werbeanzeigen, *Objets trouvés*. Mit diesem *Approach* hatte ich nichts zu tun, ich machte vollkommen andere Sachen, schwarze, geschlossene, blockartige Objekte, die meine Isolation in dieser Stadt wiederspiegelten und deren subjektiver Charakter offensichtlich war, in Anbetracht der Tatsache, daß ich in Wirklichkeit gut im Künstlermillieu integriert war. Da ich meinen Wirkungsbereich nicht auf Frankreich beschränken wollte, machte ich fortan Ausstellungen in Holland und in anderen Ländern.
Im Mai 1968 kam es zu der berühmten Besetzung des Museums für moderne Kunst in Paris, zu der ich eingeladen worden war. Da ich einige Minuten zu spät kam, blieb ich draußen, direkt neben einem Polizeiwagen und wurde, ohne

es zu bemerken, fotografiert, was den französischen Behörden den Vorwand lieferte, mein Visum nicht zu verlängern. Naiv wie ich war, wagte ich nicht zu protestieren. Ich war in einer verheerenden Lage! Ich hatte kein *Permis de Sejour*, wollte nicht zurück nach Brasilien, das in der Repression zu ersticken drohte, und machte mich schon darauf gefaßt im »*Nowhere*« zu landen, als ich das enorme Glück hatte, einen italienischen Sammler kennenzulernen, der mich einlud, ihn nach Italien zu begleiten. Es war toll. Ich freundete mich mit Künstlern aus Mailand an, die mir für ein Jahr ihr Atelier und Haus anboten, genau zur Zeit des großen Booms der italienischen Kunst. Der Markt war im Aufstieg begriffen, die Sammler hat die Taschen voller Geld, der Rubel rollte: Die Künstler tauschten Bilder gegen Autos, sogar gegen Wohnungen. Viele Direktoren ausländischer Museen kamen nach Mailand und so wurde für einen Künstler daraus die Stadt der internationalen Taufe. Wer es schaffte, dort eine wichtige Ausstellung zu bekommen, und danach noch in Köln, der hatte so etwas wie einen Freibrief für den nordamerikanischen Markt.

Ich unterzeichnete einen Exklusivvertrag mit einer ausgezeichneten Galerie, Studio Marconi. Ich lernte viel bei den Italienern, die alle klug, sympathisch und unterhaltsam waren und eine Menge Tricks kannten. Die Zeit in Italien hatte grundlegenden Einfluß auf meine Arbeit. Aber dann sah ich, daß ich mehr für mich selbst tun konnte, um mich noch weiter zu entfalten. Ich zog nach England und von dort in die USA, mit einem Guggenheim-Stipendium für ein Jahr.

In New York zu leben, gefiel mir nicht – so eine große Stadt ist die Hölle, man verliert einen ganzen Tag, nur um irgendwelche alltäglichen Probleme zu lösen. Und ich habe immer alle Zeit und Konzentration der Welt für meine Arbeit gebraucht. Abgesehen davon haßte ich die Manie der Amerikaner, allem ein Etikett zu verpassen und einige Galerien und Museen speziell den Lateinamerikanern zuzuweisen. Es gibt

Brasilianer, die schon eine Ewigkeit in den USA leben und nie aus diesem geschlossenen Kreis herausgekommen sind, so etwas lächerliches! Da bin ich lieber in Europa, wo es den Leuten nicht im Traum einfiele, lateinamerikanische Künstler zu diskriminieren und sie in nur für sie bestimmte Galerien zu stecken.

Als das Stipendium zu Ende war, lebte ich eine Zeitlang in einem Arbeitscamp an der Grenze zwischen Nepal und Tibet, und beschäftigte mich mit Arbeiten auf handgeschöpftem Papier, zusammen mit Angehörigen verschiedenster Völker. Während meiner Reisen durch die Welt behielt ich meinen Wohnort in Italien, meiner zweiten Heimat. Es ist gut, einen Ort zu haben, an den man immer zurückkehren kann. Von Nepal ging ich zurück nach Mailand und blieb dort bis die Universität von Paraíba, meiner Heimat, mich rief, um zusammen mit Paulo Sérgio Duarte ein Zentrum zeitgenössischer Kunst zu gründen. Ein interessantes Experiment, aber mit vielen Schwierigkeiten. Obwohl wir beide Paraibaner waren, wurden wir wie Gringos behandelt, denn wir hatten nicht die geringste Absicht, ein Zentrum für ausschließlich lokale Kunst zu machen. Wir holten Künstler aus dem Süden des Landes, manchmal sogar Nordestinos*, die in Rio oder São Paulo lebten, um der Produktion in Paraíba neuen Anstoß zu geben und zu zeigen, was man im restlichen Brasilien trieb. Die Paraibaner fühlten sich ausgeschlossen und beschwerten sich, sie würden diskriminiert; sie begriffen nicht, daß wir den festen Vorsatz hatten, innovative und qualitativ gute Arbeiten zu zeigen, egal woher sie kamen. Ich war genervt von dieser provinziellen Mentalität, die unsere Arbeit behinderte, und verließ das Zentrum kurzentschlossen, als ich eingeladen wurde, Mitarbeiter des Kultusministeriums in Brasília zu werden. Meine Aufgabe sollte sein, Ausstellungen zeitgenössischer brasilianischer Kunst im Ausland mitzuorganisieren. Das Projekt von Minister Eduardo Portela war sehr gut, wurde aber leider nie in

* Bewohner des Nordostens Brasiliens, Anm. d. Ü.

die Tat umgesetzt. Das Einzige, was realisiert werden konnte, war eine Schau von Werken auf Film und Video in Mailand, die immerhin guten Anklang in der italienischen Presse fand. Als der Minister sein Amt verließ, beschloß ich, meine Tätigkeiten in Europa wieder aufzunehmen.
Die Leute, die ich in Mailand zufällig traf, waren erstaunt: »Du hier? Man hat mir gesagt, du wärst in Brasilien Kultusminister geworden«. Die Bösartigeren bemerkten: »Man hat mir gesagt, du wärst gestorben«. Ich erfreute mich der Witze und fühlte mich gefestigt und stark, um den Platz wieder einzunehmen, den ich während meiner Abwesenheit verloren hatte. Ich blieb ein paar Jahre in Mailand, bis ich ein DAAD-Stipendium erhielt, als *Artist in Residence* in Berlin, einer interessanten Stadt, mit ihren breiten Alleen und den schönen Bauwerken. Ich bekam eine ausgezeichnete Ausstellung über zehn Jahre Arbeit auf Papier in der Berliner Kunsthalle. Von dort zog ich nach Köln und seitdem finden meine Arbeiten allmählich in ganz Deutschland Beachtung: Ausstellungen im Museum in Mühlheim an der Ruhr, im Münchner Museum, und im Museum von Darmstadt. Letzteres hat die umfangreichste Retrospektive meiner Arbeiten gemacht.
Als ich nach Deutschland kam, war ich im Künstlermillieu schon bekannt und hatte verschiedene Einzelausstellungen gehabt. Im künstlerischen Bereich gab es für mich nichts mehr zu lernen, aber dafür alles über den Betrieb der Museen, welche es hier sehr viele gibt. Außerdem habe ich viel über die Mechanismen von Ausstellungsorganisation und die Konzeption von Katalogen gelernt.
Beruflich war die Erfahrung, in Deutschland zu leben, großartig. In den zehn Jahren, in denen ich hier lebe, konnte ich meine Arbeit stärker verbreiten als in zwanzig Jahren in Italien, wo es keine Museen für zeitgenössische Kunst gibt, sondern nur Galerien.

Ich will aber nicht behaupten, es sei leicht, in den deutschen Markt aufgenommen zu werden, vor allem für jemanden, der noch keinen Namen hat. Die Konkurrenz ist groß, der Markt wird von Künstlern aus der ganzen Welt umkämpft. Und keiner gibt gern Informationen oder Kontakte an die Neulinge weiter, schließlich ist jeder, der kommt, einer mehr. Der Markt ist extrem dynamisch und verlangt vom Künstler ständige Produktion und die Anstrengung, sich selbst zu promoten. Man muß eine enorme Disziplin haben, Faulsein zählt nicht. Ich würde sagen, siebzig Prozent meiner Zeit verbringe ich damit, Zeitschriften zu lesen, mir Informationen zu besorgen, Kontakte zu Galeristen und Museumsdirektoren aufrechtzuerhalten, zu reisen, Ausstellungen zu organisieren und Kataloge vorzubereiten. Die romantische Idee vom Künstler, der von der Umwelt abgeschlossen zu Hause arbeitet, ist in diesem Land so etwas von anachronistisch!
Der Überfluß an Informationen, die große Anzahl von Künstlern, die Kraft des Marktes, haben auch ihre negative Seite, denn sie bewirken eine gewisse Vereinheitlichung der Arbeiten. Oft gehe ich in Deutschland aus einer Ausstellung mit dem Gefühl heraus, nichts Bewegendes gesehen zu haben, sondern nur veraltete Vorschläge, wiederholte Lösungen. Zur Zeit gefallen mir die Ausstellungen in Brasilien besser, denn dort macht angesichts der vielen Schwierigkeiten nur derjenige Kunst, der wirklich eine eindeutige Berufung hat. Die Künstler haben mehr Freiheit, weil sie unabhängiger von den Interessen des Marktes sind und das Ergebnis ist das Auftauchen sehr individueller und häufig ziemlich origineller Sprachen. Die jungen brasilianischen Künstler sind immer interessiert, was in anderen Ländern passiert und reisen herum, lernen, bringen sich auf den neuesten Stand, experimentieren. Sie wissen, daß die Welt dazu da ist, sie zu bereisen!

Ich habe einen regen Austausch mit Brasilien und fahre jedes Jahr dorthin, um Ausstellungen in Rio oder São Paulo zu machen. Es ist leichter, Zugang zu den brasilianischen Kollegen zu finden als hier zu den Kollegen. Es bleibt einem nicht viel Zeit für persönliche Treffen, weil alle immer auf Hochtouren sind. Ich fühle mich gut, wenn ich in Brasilien unterwegs bin, es ist ein sehr genußreiches und angenehmes Land. Aber arbeiten will ich im Moment in Deutschland. Und es gibt hier noch viel für mich zu tun, bevor ich mich wieder auf den Weg mache, wer weiß...

Sônia Alves Cordeiro

Es ist die alte Geschichte bei mir: ich habe in Brasilien einen Deutschen kennengelernt - er war kein Tourist, sondern Volontär in einer Anwaltskanzlei –, wir heirateten und beschlossen, nach Deutschland zu gehen. Er fuhr vor, ich kam nach mit meiner Tochter Juliana, die damals fünf Jahre alt war. Meine erste Nacht in Köln war ein Alptraum. Ich sah aus dem Fenster unserer Wohnung dieses Unwetter, die Bäume bogen sich bis auf den Boden und die Menschen wurden vom Wind fast umgeweht... um Gottes willen! Ich hatte die Koffer noch nicht ausgepackt und dachte schon daran, was ich am nächsten Tag anziehen wollte, um nach Brasilien zurückzufliegen.
Ich machte meinen Mann ganz verrückt damit.
»Es ist hier nicht immer so, Sônia. Dieses Unwetter ist nur heute...«
»Nein, hier ist es immer so... Deswegen gucken die Leute auch so böse und sind so kurz angebunden.«
»Sônia, du hast doch bis jetzt nur die Polizisten auf dem Flughafen gesehen! Die waren so aggressiv, weil hier gestern ein Attentat verübt wurde. Ein wichtiger Mann von der Deutschen Bank wurde ermordet!«
»Das ist mir egal. Ich bleibe keinen Tag länger hier!«
Diese erste Gewöhnungsphase war für uns beide ungeheuer schwer. Kaum paßte mir irgend etwas nicht, wollte ich sofort die Koffer packen und zurück nach Brasilien.

Eine Woche nach meiner Ankunft begann ich, Deutschunterricht an der Volkshochschule zu nehmen. Ich wollte die Sprache unbedingt gut beherrschen, weil ich dachte, daß meine Tochter sie sonst auch nicht lernen und dann Schwie-

rigkeiten in der Schule haben würde. Innerhalb von drei Monaten bekam ich mit Hilfe meines Mannes Arbeit bei einer Model-Agentur und wurde einige Zeit später Mitglied einer Sambagruppe, die gerade in Köln gegründet wurde.
Hätte mir in Brasilien jemand gesagt, daß ich eines Tages Sambatänzerin sein würde, hätte ich geantwortet: »Bist du verrückt? Ich und Mulattin bei Sargentelli? Gott bewahre!«
Aber in Deutschland wurde das Sambatanzen auf der Bühne zu einer Freude, ich fühlte mich wie in Brasilien und wenn es auch nur für wenige Minuten war. Ich mußte einsehen, daß dieses Bild von der Sambamulattin als Prostituierten ein Vorurteil der Brasilianer war.
Wenn ein Brasilianer in Deutschland eine Mulattin sieht, denkt er sofort, ohne daß sie auch nur ein Wort zu sagen braucht: »Jaja, die hohen Schuhe, das enge Kleid, das kann ja nur so eine sein....«
Die Deutschen, die unsere Shows ansehen, sind da schon anders. Bevor sie jemanden verurteilen, versuchen sie erstmal herauszufinden, mit wem sie es zu tun haben. Die halten einen nicht gleich ohne jeden Grund für irgendwas...
Nach einer Zeit löste sich unsere Tanzgruppe auf. Kein Wunder, bei all den Intrigen. Da war jeder gegen jeden... Viel Falschheit, ein ewiges Getratsche... Es scheint, als würden sich Brasilianer, wenn sie im Ausland leben, verändern und schlecht werden, vielleicht wegen des ganzen Ärgers, den sie haben? Man muß ziemlich viel positive Energien haben, um mit diesen Menschen auszukommen.
Zu einigen Brasilianern habe ich immer einen gewissen Abstand bewahrt. Ich rede mit jedem und habe vor jedem Respekt, aber manchmal gebe ich nicht viel darauf. Als es mit der Gruppe zu Ende war, organisierte ich selbst ein paar Aufführungen, allein oder mit anderen. Heute tanze ich auf Geburtstagen, Betriebsfeiern, Stadtfesten und im Fernsehen. Ich habe mir meinen Raum geschaffen.

Meine Arbeit als Model und Tänzerin hat schließlich meine Ehe in Gefahr gebracht. Mein Mann war sehr eifersüchtig und litt jedesmal, wenn ich zur Arbeit ging. Es war eine Qual. Komisch, in Brasilien machten meine Liebhaber, wenn sie eifersüchtig waren, immer einen Riesenskandal und das war es dann. Hier haben die Männer immer lange an irgendwelchen Kleinigkeiten zu kauen und leiden wegen jedem Mist. Ich merkte, wie meine Art zu leben meinen Mann ganz krank machte, aber bei so viel Druck konnte ich mich einfach nicht ändern! Anfangs hatte er noch großen Wert auf meine Freiheit gelegt, aber dann... wollte er mich doch darin beschneiden. Mir wurde klar, daß er in Wirklichkeit eine Frau wollte, die schön brav zu Hause bliebe. Ich bin aber nicht dieser Typ Frau, vielleicht könnte ich es sogar werden, aber für ihn lohnte es sich nicht...

Daß ich dann anfing, in einer Fernsehshow zu arbeiten, brachte das Faß zum Überlaufen. Das war zuviel für ihn, ein deutscher Anwalt, der im Fernsehen seine Frau sieht, wie sie die Kandidaten in den Swimmingpool wirft! Er beschimpfte die Sendung als niveaulos und war nur noch schlecht gelaunt. Also dachte ich mir: Mir gefällt meine Arbeit, ich verdiene mein Geld und fühle mich dort wohl. Entweder das eine, oder das andere - ich muß mich von ihm trennen. Ich hatte große Angst vor der Trennung, denn schließlich ging es nicht nur um mich, sondern auch um meine Tochter. Aber ich habe gelernt, an mich zu glauben, daran, allein zurechtzukommen. Ich ließ mich scheiden, ohne auch nur eine Mark von meinem Mann zu verlangen. Heute sind wir Freunde und ich genieße zu Hause die Freiheit, die ich so sehr brauchte.

Finanziell war ich immer unabhängig, auch als ich noch bei ihm gewohnt habe. Wir haben uns die Kosten geteilt: Miete, Essen, alles. Du weißt ja, wie die deutschen Männer sind: »Wenn du schon arbeitest, dann kannst du ja auch dies und das bezahlen«. Ich fand diese Haltung äußerst merkwürdig,

ich war das nicht gewohnt, in Brasilien werden die Frauen ja voll und ganz versorgt. Jetzt lebe ich allein mit meiner Tochter, die inzwischen dreizehn Jahre alt ist. Es ist schon komisch, wie sie mich immer beschützen will. Wir beschützen uns gegenseitig. Wenn jemand Sônia zu nahe kommt, dann wird sie zur Bestie. Und umgekehrt. Ich weiß noch, wie sie mich mal aus dem Kindergarten angerufen haben:
»Kommen Sie schnell her. Ihre Tochter macht Ärger.«
Ich kam da an, die Lehrerin war völlig hysterisch und schrie, Juliana hätte mit einer Schere nach einem anderen Kind geworfen und es töten wollen. Ich wurde schrecklich wütend:
»Sie wollte bestimmt niemanden töten, sie ist erst fünf Jahre alt und wollte ganz bestimmt niemanden töten.«
Die Lehrerin brüllte:
»Und ob sie das wollte, Juliana wollte das andere Kind töten.«
»Hören Sie, liebe Frau, sie ist ein Kind, mein Gott, sie hat sich aufgeregt und ist explodiert. Sie hat die andere mit dem erstbesten Gegenstand beworfen, den sie finden konnte, nicht wahr, Juliana? Sag, erzähl, was ist passiert?"
»Die Blonde da war es, mit den langen Haaren, die findet sich besonders toll. Sie hat mich »schmutzig« genannt, da bin ich mit der Schere auf sie los, um ihr die Haare abzuschneiden... «
Mein Gott, die Frau mußte ja denken, in der Schule in Brasilien bringen sich alle gegenseitig um. War es vielleicht zuviel von ihr verlangt, den Kindern zu erklären, daß man deswegen nicht streitet, daß niemand schmutzig ist, nur weil seine Haut dunkler ist? Stattdessen hackte sie auf Juliana rum! Es macht mich traurig mitanzusehen, wie meine Tochter solche Dinge durchmacht. Ich mache mir Sorgen, weil ich weiß, daß sie typisch brasilianisch ist, spontan und explosiv. Wenn sie fröhlich ist, ist sie sehr fröhlich, wenn sie wütend ist, explodiert sie und wenn jemand ihr wehtut, dann ist sie sehr verletzt. Es ist gut für sie, daß sie hier zur Schule geht und eine

Ausbildung bekommt, die ich ihr in Brasilien nicht hätte geben können. Aber ich weiß, daß das auch seinen Preis hat. In Brasilien sind die Kinder immer sehr fröhlich in der Schule, hier gibt es immer Streit, man sieht oft zwölfjährige Jungs, die Drogen nehmen und Alkohol trinken. Die Umgebung ist eintönig, es ist schwer, Freundschaften zu schließen. Wenn sie in Brasilien mit ihren Freunden spielen wollte, mußte sie nur an die Tür klopfen, da brauchte man keinen Termin.
Ich weiß nicht, wie unsere Zukunft aussieht, und wo wir sein werden. Ich bin froh, hergekommen zu sein, als Frau habe ich viel gelernt, ich kann mich selbst ernähren. Ich habe gute Arbeitsmöglichkeiten, weißt du, hier wird man nicht so ausgebeutet. Wenn du Lust hast, stürz dich hinein, du wirst anerkannt. Eher als in Brasilien. Es gibt so etwas wie ernsthafte Professionalität, Pünktlichkeit, gegenseitiger Respekt, das alles existiert bei uns nicht mehr. Aber ich weiß wirklich nicht, ob ich für immer in Deutschland bleiben möchte. Die Zeit wird es zeigen.

Lúcia Dinis*

Ich weiß nicht genau, warum meine Mutter von einem Tag auf den anderen plötzlich unbedingt nach Deutschland wollte. Ich war damals erst zehn Jahre alt, ich wollte auf keinen Fall hierherziehen. In Brasilien war es so schön!
Die ersten Monate in Köln weinte ich jede Nacht vor Sehnsucht nach meinem Vater, der in Porto Alegre geblieben war, meinen Freunden, meinen Onkeln und Tanten und meiner Großmutter mütterlicherseits, mit der meine Mutter und ich zusammen in São Paulo gelebt hatten.
Ich sprach kein deutsch und fand es schwer, eine neue Sprache zu lernen. Ich glaubte, in der Schule würde mir niemand helfen und ich würde allein bleiben. Deswegen bat ich meine Mutter, mich in einer Ausländer-Schule anzumelden. Sie reagierte zwar erstaunt, war aber einverstanden und so kam ich in eine Hauptschulklasse, wo ich die jüngste Schülerin war. Der älteste war achtzehn. Außer mir waren da noch zwei Mädchen, die fünfzehn und sechzehn Jahre alt waren und nie mit mir spielen wollten, klar, ich war ja auch nur ein kleines dummes Ding und verstand nicht, was sie sagten. Die Lehrerin war sehr böse, ihr Blick wanderte immer umher, wenn sie mit uns sprach. Ich verstand nichts von dem, was sie an die Tafel schrieb, ihre Schrift war ganz anders als unsere! Nach zwei Tagen ging es mir richtig schlecht, ich mußte mich übergeben und ich sagte zu meiner Mutter, daß ich keine Sekunde länger an dieser Schule bleiben wollte. Meine Mutter sprach mit dem Direktor und ich wurde in eine andere Schule versetzt, eine Gesamtschule, wo die Mehrheit der Schüler Deutsche waren.

* Name geändert

Dort gefiel es mir viel besser, auch wenn mir einige Sachen sehr merkwürdig erschienen, so etwas hatte ich noch nie gesehen: kranke Schüler, die gelähmt waren und in Rollstühlen saßen, und Lehrer, die sich die ganze Zeit in unser Leben einmischten. Manchmal ging mir das auf die Nerven, aber es war eben ihre Methode herauszufinden, was mit uns los war. An der Schule übte ich dann ein paar Sätze auf deutsch, zur großen Freude meiner Mitschüler, die sich über mich lustig machten, wenn ich ihre Fragen nicht verstand. »Bist du doof?« Ja, antwortete ich. »Bist du hübsch?« Nein. Sie lachten sich tot. Nach und nach verstanden wir uns besser und wurden Freunde.

Aber ich haßte immer noch die Kälte in diesem Land und die Angst, allein zu sein. Jedesmal, wenn meine Mutter wegging, lief ich zum Fenster und schaute ihr nach, bis ich sie aus dem Blickfeld verlor. Ich hatte furchtbare Angst, ihr könne etwas zustoßen, und daß ich dann hilflos und verlassen dastünde, und nicht zurück nach Brasilien könnte. Eines Tages, als ich es einfach nicht mehr aushielt, sagte ich meiner Mutter, ich ginge zurück nach Brasilien, ob sie wolle oder nicht. Und ich tat es wirklich, gegen ihren Willen. In Porto Alegre war alles genauso schön und wunderbar wie vorher. Ich wohnte bei meiner Großmutter, der Mutter meines Vaters. Gleich bei meiner Ankunft sagte ich zu ihr: »Ich bleibe hier, bis meine Mutter wiederkommt, und wenn sie nicht wiederkommt, Pech, dann kann ich auch nichts machen. Ich gehe jedenfalls nie mehr zurück nach Deutschland, das ist ein einziger Horrorfilm da.«

Ich liebte meine Großmutter und sie mich. Als ich klein war und die Ferien bei ihr verbrachte, hat sie mich immer so verhätschelt! Als ich dann bei ihr wohnte, lernte sie mich besser kennen und merkte, daß ich nicht der süße kleine Engel war, für den sie mich gehalten hatte. Wenn ich die Wäsche aufhängen sollte, sagte ich: »Mach du das, Oma!« Das hat ihr gar nicht gefallen: »Mein Gott, was ist aus dem Mädchen ge-

worden? Sie ist ja so was von unverschämt!« Wir stritten viel, aber das war mir tausendmal lieber als in Deutschland zu leben.
Als meine Mutter im Urlaub nach Brasilien kam, bat sie mich fast auf Knien, zu ihr zurückzukommen. Ich hatte sie noch nie in solch einem Zustand gesehen, sie war völlig in Tränen aufgelöst. Aus lauter Mitleid willigte ich ein, obwohl ich es überhaupt nicht wollte! Auf dem Weg zum Flughafen war ich es dann, die einen Heulanfall bekam: »Mama, Mama, bleib du doch hier!« Sie wurde ganz nervös: »Das geht nicht, Kleine, es geht nicht.«
In Deutschland mußte ich die ganze Zeit an Brasilien denken. Ich heckte die ausgefallensten Pläne aus, wieder nach Porto Alegre zu gehen, dort zu bleiben, bis ich achtzehn wäre, und dann ganz nach Köln zu ziehen. Aber gleich darauf gingen meine Träume wieder zu Bruch, wie die Sandburgen, die ich als kleines Mädchen gebaut hatte. »Fünf Jahre sind eine Ewigkeit, ich kann nicht solange von meiner Mutter getrennt sein«. Damit es mir leichter fiel, dieses Land zu mögen, brüllte sie mir förmlich ins Ohr: »Hier ist es besser für deine Zukunft«. Ich nahm ihre Prophezeiung nicht ernst: »Meine Zukunft? Warum sollte sie in Deutschland besser aussehen? So viele Menschen können in Brasilien leben, warum nicht ich? Ich bin doch wie alle anderen, oder etwa nicht?«
Irgendwann sah ich, daß es keinen Ausweg gab, und gab auf. Ich ließ die Dinge geschehen, die Zeit verging und ich lebte mich allmählich hier ein, auch in der Schule, wo ich inzwischen gut zurechtkomme; in allen Deutschprüfungen habe ich eine Eins. Mit meinen blonden Haaren erkennt niemand mehr, daß ich Ausländerin bin, deswegen bin ich wahrscheinlich auch nie diskriminiert worden. Aber der Rassismus innerhalb der Schule schockiert mich, vor allem gegen die Türken. Sie werden sehr schlecht behandelt, immer werden sie beschimpft, das kann einem wirklich leid

tun! Natürlich machen einige ganz schön viel Mist. Aber wie die Lehrer sie behandeln... Das ist wirklich gemein! Einmal hat einer einem türkischen Jungen die Tür direkt vor die Nase geschlagen, und das Verrückteste ist, daß derselbe Lehrer eine türkische Freundin hat, ich verstehe nicht, was in so einem Kopf vorgeht...

Abgesehen von diesen Dingen, die ich als verkehrt empfinde, habe ich mich in der Schule eingelebt, ich habe mehrere Freunde, mit denen ich manchmal am Rhein spazierengehe oder beim Dom. Köln gefällt mir sehr gut, wenn ich schon in Deutschland leben muß, dann in Köln, hier sind die Leute netter und lockerer als anderswo.

Aber Brasilien fehlt mir doch sehr! Die Sonne, der Strand, die Musik, das leckere Essen! Feijoada, ein Essen, das ich sehr liebe, gibt es nur, wenn meine Mutter schwarze Bohnen beim Chinesen findet. Ich glaube, inzwischen fällt es mir leichter, hier zu wohnen als ihr. Ich spreche besser deutsch als sie und habe mehr deutsche Freunde. Wenn sie könnte, würde sie sofort zurück nach Brasilien gehen, das weiß ich. Das heißt, ich weiß es nicht genau, schließlich war sie es, die immer sagte, »Du mußt lernen, das Gute an diesem Land zu sehen« Das habe ich. Und, um die Wahrheit zu sagen: Ich glaube, ich habe es besser gelernt als sie.

Mariana Fonseca*

Hätte ich gewußt, wie es in Deutschland ist, wäre ich niemals hergekommen. Ich kam her, weil mein Ex-Mann und ich hier studieren wollten, er etwas mit Spielfilm und ich Theater. Außerdem wollte ich meiner Tochter eine bessere Zukunft ermöglichen. Als Theaterschauspielerin hätte ich ihr in Brasilien kaum eine gute Ausbildung bieten können. So teuer wie die Privatschulen dort sind, hätte ich meine Mutter um Hilfe bitten müssen. Ich habe aber keine Lust, von irgend jemandem abhängig zu sein. Für mich ist Unabhängigkeit Gold wert.

Wenn ich hätte wählen können, dann wäre ich nicht in Deutschland gelandet. Ich mag die Mentalität der Deutschen nicht – sie sind sehr kalt, zu rational. Je länger ich hier lebe – und inzwischen sind es schon mehr als drei Jahre! –, desto weniger verstehe ich dieses Volk und sein berechnendes Wesen.

Ich finde es seltsam, was sie für eine Angst vor körperlichem Kontakt haben, daß sie sich nicht küssen und sich nicht umarmen. Wenn du die Leute anfassen willst, dann ziehen sie sich zurück und werden steif wie ein Stock. Es ist wirklich absurd, was für ein Distanz zwischen den Menschen besteht! In meinem Deutschkurs siezen sich Schüler und Lehrer. Das finde ich so unpersönlich und kalt, weißt du, ich mag das nicht, wenn Leute so sind...

Mir klappt die Kinnlade runter, wenn ich sehe, was für Schwierigkeiten sie haben, irgendein Problem zu lösen, sei es auch noch so gering. Wenn sie über Weintrauben sprechen wollen, dann treffen sie sich und reden erstmal stundenlang

* Name geändert

über das Sähen und weiter kommen sie nicht. Sie quasseln sich tot über Kreativität und Innovationen...
Andererseits habe ich hier gelernt, besser zu organisieren und behutsamer vorzugehen. Ich war immer sehr gefühlsgeleitet und aufgeschlossen, kaum kannte ich jemanden, öffnete ich ihm auch schon mein Herz und erzählte ihm mein ganzes Leben. In meinem Deutschkurs freundete ich mich mit einem Afrikaner an, den ich von ganzem Herzen liebe. Er ist Moslem, sehr zurückhaltend, er trinkt keinen Alkohol, keinen Kaffee, raucht nicht. Das Gegenteil von mir, aber wir verstehen uns prächtig. Einmal meinte ich: »Ich versteh nicht, warum wir so gut miteinander auskommen, wir sind doch so unterschiedlich...«. Er lachte und sagte: »Weil du wie meine Mutter bist: du machst gern Unsinn, du bist liebevoll und hast keine Angst, alles von dir preiszugeben.«
Angst. Ich hatte nie Angst, mich mitzuteilen, drauf loszugehen und mich mitten ins Leben zu werfen. Ich war in Brasilien Schauspielerin im Theater, im Kino, ich habe Werbespots gemacht und den Kindern in der Favela Theaterunterricht gegeben. Angst habe ich erst kennengelernt, seitdem ich in Deutschland bin.
Es war nicht die Angst davor, auf die Straße zu gehen und überfallen zu werden oder so. So eine unbestimmte Angst, die dazu führte, daß ich mir vorkam wie ein geduckter Hund, und die wahrscheinlich daher kam, daß ich weder die Sprache noch die neuen Codes beherrschte. Ich konnte mich nicht verständigen und kam mir wie eine Idiotin vor, unfähig, den anderen zu zeigen, was ich konnte. Das war sehr schwer für mich, vor allem in den ersten Monaten, als ich mit meinem Mann und meiner Tochter im Haus seiner Großmutter wohnte, einer sehr reservierten Frau, die nur selten mit mir sprach. Ich dachte mir, meine Güte, eine brasilianische Großmutter ist normalerweise so liebevoll, auch wenn sie jemanden nicht so gut kennt. Ich konnte nicht verstehen, warum die alte Dame nichts mit mir zu tun haben wollte.

Heute liebe ich sie, sie ist einer der wichtigsten Menschen in Deutschland für mich; als nämlich das Eis gebrochen war, wurde sie plötzlich total lieb und fürsorglich... Aber wie lange sie gebraucht hat, um sich mir zu öffnen!
Nach einiger Zeit zogen wir aus dem Haus der Großmutter in eine Wohnung in einem ziemlich üblen Viertel in Köln. Natürlich kann man Kalk, was die Gewalt angeht, nicht mit den Vorstädten von São Paulo oder einer Favela in Rio de Janeiro vergleichen, aber ich war trotzdem verängstigt, weil ich wußte, daß dort geschossen wurde, Frauen mitten auf der Straße vergewaltigt wurden, und mit Drogen gehandelt wurde. Eines Morgens redete mich ein Typ in einer U-Bahn-Station an. Ich hatte eine Wahnsinnsangst, ich zitterte wie Espenlaub und mir wurde heiß und kalt, Gott sei Dank bin ich ihn dann noch ohne großes Drama losgeworden. Damals putzte ich in einer Versicherungsgesellschaft, da ich noch kein Deutsch konnte und keine besseren Jobs bekam, obwohl ich einen italienischen Pass hatte. Du weißt, ich komme aus einer Gesellschaft, in der Saubermachen eine Arbeit für Arme ist. Wie oft saß ich da, weinte, fühlte mich wie Aschenputtel und wollte alles stehen und liegen lassen und nur noch nach Hause! Danach ging ich in mich und dachte mir, Schluß mit dem Geheule, das ist eine Arbeit wie jede andere auch! Ich lernte die harte Arbeit der Putzfrauen zu respektieren, aber ich muß gestehen, ich habe diese Phase nur durchgehalten, weil ich wußte, daß sie vorbeigehen würde. Ich hätte unmöglich mein ganzes Leben in diesem Zustand verbringen können. Niemals, Scheiße nochmal...
In der Versicherungsgesellschaft gab es einen türkischen Jungen, der in der selben Etage wie ich Staub saugte. Eines Tages erwischte ich ihn, wie er irgendwelche Gegenstände von den Tischen klauen wollte. Ich sagte: »He, sag mal, spinnst du? Laß das sein, du kriegst doch nur Ärger, und ich noch obendrein«. Darauf er: »Na und? Ich hasse die Deutschen, ich hasse sie«. Und er klaute weiter. Da ich wußte, daß das

nicht gutgehen konnte, ließ ich mich auf eine andere Etage versetzten und kündigte, so bald ich konnte.
Dies und andere Dinge beunruhigten mich zusehends. Aber die schlimmste Zeit in Deutschland stand mir noch bevor. Die finsteren Zeiten kamen, als ich mich von meinem Mann trennte und meine Tochter, die in einer tiefen Krise steckte, beschloß, nach Brasilien zurückzugehen. Ich fiel in eine Depression. Es war das erste Mal, daß ich allein lebte. Verzweifelt schloß ich mich in meiner neuen Wohnung ein, ließ die Jalousien runter, so daß kein einziger Sonnenstrahl hineinkonnte, und trank...
Was mir damals Kraft gab, war der Kurs in Theaterpädagogik, den ich besuchte und meine brasilianischen Freunde, mein Ex-Mann, der zu einem großartigen Freund geworden war und mein neuer Freund. Sie kamen auf mich zu und sagten: »Los Mädchen, komm, du schaffst es«. Ich weiß nicht, wo ich ohne diese Hilfe gelandet wäre.
Mit der Zeit kam ich wieder raus aus dem Loch und jetzt geht es mir besser. Als ich ein bißchen besser deutsch sprach, machte ich bei einem Theaterstück in Köln mit, mit einer wunderbaren italienischen Regisseurin, die meine Arbeit lobte und mir viel Mut machte. Ich zog mit meinem Freund zusammen und, als ich am wenigsten damit rechnete, beschloß meine Tochter, zurück nach Deutschland zu kommen. Ich konnte es nicht fassen! Meine Tochter kam zurück! Sie besucht inzwischen eine gute Schule, lernt mehrere Sprachen, hat einen Haufen Freunde und genießt das Leben in Köln in vollen Zügen.
Mein Freund ist wundervoll, er behandelt mich wie eine Prinzessin: er macht zusammen mit mir die Hausarbeit und kümmert sich um meine Tochter, als wäre es seine eigene. In Brasilien habe ich keinen einzigen Mann kennengelernt, der sich so um mich gekümmert hat! Als ich das erste Mal geheiratet habe, war ich noch sehr jung, und mein Mann auch, was wußten wir schon vom Leben? Wir waren zwei Kinder,

die im Haus Fußball spielten, während unser Baby, das ja die Welt noch nicht verstand, das Spiel mit dem Kopf verfolgte. Mein zweiter Mann war zwar in Ordnung, aber er war ein Frauenheld. Es ging nicht gut.

Meine jetzige Beziehung ist zwar kein Honiglecken, es gibt immer Schwierigkeiten, aber wir bekämpfen sie gemeinsam. Mal sehen, wie sich die Dinge entwickeln. Und was das Zusammenleben mit anderen Deutschen angeht: Ich glaube, das Problem ist, daß ich sie immer noch nicht verstehe. Trotz all des Kummers hat mir Deutschland auch eine Menge Gutes gebracht. Ich darf auch nicht undankbar sein und auf den Teller spucken, von dem ich gegessen habe. Dieses Land ist immer noch ein soziales Paradies. Als es mir wirklich schlecht ging, habe ich auch Sozialhilfe bekommen. Heute mache ich dies und das, bekomme Rollen in guten Theaterstücken, hab eine schöne Wohnung und bin krankenversichert. Außerdem bekam ich einen Studienplatz für Theater- und Filmwissenschaften an der Universität Köln. Ich weiß nicht, ob ich das alles gehabt hätte, wenn ich in Brasilien geblieben wäre...

Laércio Abreu*

Mein Leben in Deutschland ist bestimmt von Sauberkeit. Sauberkeit und Samba. Es ist einfach toll.
Ich bin Putzmann, seitdem ich auf Einladung meiner Schwester, die mit einem Deutschen verheiratet ist, hierhergekommen bin. Sie hat meinen Schwager in einer Bar in Copacabana kennengelernt. Sie haben sich verliebt, und als sie es dann später vor Sehnsucht nicht mehr aushielten, hat er ihr ein Ticket geschickt. Meine Schwester wohnt jetzt seit sieben Jahren hier und sie erträgt es einfach nicht mehr. Sie will zurück nach Brasilien. Mit dem Mann geht es nicht besonders gut, er ist sehr viel älter als sie und hat ganz andere Vorstellungen. Er ist ein stiller Mann, Lehrer an einem Gymnasium, er ist immer zu Hause, liest Bücher und korrigiert Hausarbeiten. Sie hat Samba im Blut und will immer mit ihm ausgehen, trinken, tanzen und er will nie. Sie hat keine Lust mehr, aber was soll sie machen? Wenn sich zu trennen so einfach wäre wie zusammenzukommen...
Für mich war es eine große Überraschung, als sie mich einlud, nach Deutschland zu kommen. Ich arbeitete als Tischler in Goiás beim Bau. Ich war viel in der Sonne und damals noch dunkler als heute. Manchmal sah ich mir die Fußball-Europameisterschaft im Fernsehen an und die deutschen Spieler waren für mich die größten Kämpfer. Meine Eltern erzählten die ganze Zeit von meiner Schwester, daß die Leute dort, wo sie wohnte, alle weiß waren und die Frauen alle blond, und daß ist für mich als Schwarzen etwas sehr Hübsches. Ich geriet ins Grübeln... »He, wo liegt eigentlich dieses Deutschland«. Und jetzt sitze ich hier mit dir.

* Name geändert

Ja, das war wirklich eine große Überraschung, als sie mich einlud. Drei Tage bin ich mit dem Bus von Goiás nach Salvador gefahren. Überall nichts als Staub und ich dachte nur eins: »Mensch, ich fahre nach Deutschland!« Als ich endlich am Flughafen war, bekam ich weiche Knie: »Soll ich wirklich in dieses Flugzeug steigen?« Zuerst dachte ich noch, Nein, aber dann war da plötzlich so ein großes Gefühl, irgend etwas Übermächtiges. Ich guckte in die Sonne, die so schön schien, und sagte: »Tschau, Brasilien!«

Auf der Reise gab es ein paar Probleme, das Flugzeug verlor an Höhe, die Stewardess war total nervös und ich hatte Angst. »Müssen wir jetzt alle sterben?« Aber Gott sei Dank landeten wir sicher auf dem Flughafen von Köln.

Als das Flugzeug landete, war es ziemlich kalt und dunkel, als wäre es Nacht. Ich guckte auf die Uhr und es war kurz vor zehn Uhr morgens. Ich fühlte eine Kälte im Magen: »Wird es denn nicht mehr Tag?«

Wir gingen durch die Paßkontrolle und zum Glück war die Polizistin eine hübsche Blondine, sie sah mich an und lachte, und sie machte keinen Stempel in meinen Paß. Ich mußte nur die blonde Frau angucken und schon hatte ich kein Problem mehr. Im Flughafengebäude guckte ich mich aufgeregt um und sah nur Deutsche. Inmitten dieses ganzen Durcheinanders und Gebrülls, von dem ich kein Wort verstand, hörte ich plötzlich meine Schwester: »Laércio, Laércio«, und da stand ich mit meinem Koffer und lachte sie an, als sie endlich kam.

In meiner zweiten Woche in Deutschland lud mich meine Schwester zu einem Fest von Freunden von ihr ein. Ich ging hin, forderte eine Frau zum Tanzen auf und sie wollte wissen, was ich machte. Ich sagte, ich sei Brasilianer und zu Besuch. Die Frau fragte, ob ich als Putzmann bei ihr arbeiten wollte. Zwei Tage später fuhr ich zum Putzen zu ihr. Ich stieg in einen Bus in die falsche Richtung und wußte stundenlang nicht, wo ich war und wie ich das Haus der Frau finden sollte. Als ich ankam, war es schon spät abends. Ich fing sofort an, alles sauberzumachen und in vier Stunden war ich fertig. Sie gab mir sechzig Mark. Das war sehr viel mehr als ich als Tischler in Brasilien auch nur im Traum verdient hätte.

Sie war total zufrieden und ich war es auch. Als meine Schwester kam, holte die Frau, die ihre Freundin war, einen Kasten Bier. »Komm, Laércio, trink ein Bier mit uns!« Meine Schwester übersetzte für mich, daß die Frau sehr zufrieden war und übersetzte ihr daraufhin meine Freude darüber. Es war eine richtig nette Feier.

Weißt du, was mir in Deutschland wirklich gut gefällt, ist das Geld. In erster Linie das Geld. Ich habe schon ein bißchen gespart und meinen Eltern nach Brasilien geschickt. Ich schicke ihnen auch mal ein Geschenk oder ein Foto. Siehst du hier das Foto von mir im Anzug? Und das hier? Wenn meine Eltern das sehen, sind sie ganz glücklich: »Sieh nur, Laércio, unseren Sohn, wie gut es ihm geht.«

Aber ich streng mich auch an! Glaubst du vielleicht, das Geld fällt vom Himmel? Ja! Ich mußte sogar Künstler werden hier! In Goiás habe ich nur zu Dorfmusik getanzt. In Deutschland habe ich gelernt, Samba zu tanzen, und seitdem mache ich Shows zusammen mit meiner Schwester, die in Rio schon professionelle Tänzerin in der Sambaschule Beija-Flor war. Wir sind bei Geburtstagen, Hochzeiten und Straßenfesten aufgetreten. Die Deutschen mögen das, aber zu tanzen fangen sie erst an, wenn sie getrunken haben. Die Frauen sind immer die Mutigeren, sie rennen auf die Tanzfläche und rufen ausgelassen: »Laércio!, Laércio!« Sie haben ihren Spaß und alles ist super.

Ach so, du willst wissen, ob ich auch Probleme hier gehabt habe? Um die Wahrheit zu sagen, ich mag keine Leute mit Problemen. Ich bin kaum mit Afrikanern zusammen, die haben immer jede Menge Probleme. Ich schäme mich richtig, wenn ich die Schwarzen sehe, wie sie am Hauptbahnhof Ha-

schisch und Kokain verkaufen, das ist für uns Ausländer gar nicht gut, mit Drogen will ich nichts zu tun haben, Gott bewahre! Ich trinke höchstens mal ein Bier zu Hause, ganz in Ruhe, um mich zu entspannen, nach einem harten Arbeitstag.
Aber Sorgen hat jeder mal. Ich zum Beispiel hatte in den ersten beiden Monaten in Deutschland ein Problem. Ich war sehr deprimiert. Ich dachte immer, ob ich es wohl schaffen würde, in diesem Land zu bleiben, und an die Papiere, die ich bis heute nicht habe. Das machte mir Kopfschmerzen. Ich hatte Angst, daß die Polizei mich auf der Straße anhielt und festnahm.
Eines Tages war ich in meiner Wohnung, wo ich mit einem anderen Mann zusammen wohnte, als die Polizei ankam und ihn suchte. Ich bekam einen ganz schönen Schrecken. Ich hatte keine Ahnung, daß mein Mitbewohner Dealer war. Erst wollte ich die Tür nicht aufmachen, aber die Polizisten drangen mit Gewalt ein und nahmen mich ins Visier. Ich konnte nur sagen: »Ich bin Brasil... « und betete zu Gott, sie mögen verschwinden. Nachdem sie mich genau angesehen hatten, sagten sie: »Nein, der ist es nicht« und gingen mir nicht weiter auf die Nerven.
Das ist etwas, das ich bei mir trage, in meinem Herzen als Gläubiger: Gott beschützt uns. Als ich krank wurde, nahm mich meine Schwester mit in eine Kirche hier in der Nähe, das Jesus-Haus, das von Afrikanern gegründet wurde. Der Pastor rief mich zu sich, salbte mich mit Wasser und lächelte: »Komm öfter her!« Als ich das zweite Mal kam, putzte ich gleich die Kirche. Allmählich lernte ich mehr Leute kennen und die Freundschaft wuchs. Das war für mich eine gesegnete Situation und Gott sei Dank wurde ich wieder gesund.
Jetzt komme ich mit der Zeit dahin, wohin ich wollte, und so Gott will, werde ich eines Tages eine Deutsche heiraten, Kinder haben und ein Auto kaufen. Aber ich heirate nur aus Liebe, denn wenn man es nur wegen der Papiere macht, dann

bringt es Unglück. Viele deutsche Frauen sind ganz schöne Machos, die wollen der Mann im Hause sein. Ich mag lieber liebevolle Frauen, die romantisch sind. Die Zartgefühl haben. Und Respekt vor den Männern.
Ich mag alles nur, wenn Respekt dabei ist. Im allgemeinen gibt es in Deutschland viel Respekt. Im Verkehr, auf der Straße... Sogar Hunde werden respektiert. In Brasilien gehen die Leute über die Straße, ohne die Ampel zu respektieren, und wenn ein Auto kommt, gehen sie einfach weiter, wenn eine Frau mit einem Hund kommt, nehmen sie einen Stock und schlagen den Hund damit. Wenn du ins Gefängnis kommst, wirst du von der Polizei schlecht behandelt, und wenn du schwarz bist, bist du verloren: von der Polizei wirst du verprügelt, und wenn du eine weiße Freundin hast, sind die Eltern nicht damit einverstanden.
Hier mußt du in der Straßenbahn, wenn ein alter Mann oder eine Frau mit Kind kommt, aufstehen und Platz machen. In Brasilien im Bus achtet keiner auf den anderen. Alle schubsen sich, es ist schlimm...
Ob ich als Schwarzer hier respektiert werde? Du willst aber auch alles wissen! Ich habe Gott sei Dank nie Probleme gehabt. Wo immer ich hingehe, werde ich Gott sei Dank gut aufgenommen. Okay, es gibt auch Orte, wo mich die Leute komisch angucken. Wenn ich zusammen mit einer blonden Frau reinkomme, ist natürlich sonstwas los, das ist aber, weil die Deutschen neidisch sind, wenn sie einen Schwarzen mit einer Weißen sehen. Aber das finde ich nicht schlimm. Ich will einfach in Frieden leben, die anderen respektieren, meine Arbeit machen, Geld sparen, eine Familie gründen. Nach Brasilien fahre ich höchstens mal in Urlaub. Zum Bau kann ich nicht zurück, das funktioniert nicht mehr. So Gott will, werde ich mich bis ans Ende meiner Tage hier durchschlagen. Und so Gott will, hole ich auch noch jemand von meiner Familie her.

Assis Mendonça

»Itabira ist nur ein Bildnis an der Wand, aber es schmerzt doch so sehr«
Carlos Drummond de Andrade

Das erste, was ein Brasilianer, der nach Deutschland kommt, tun sollte, um sich einzuleben, ist, alle vorgefaßten Meinungen über das Land über Bord werfen. Er sollte optimistisch und offen für alles sein, denn wenn man gleich denkt, wie kompliziert Deutschland ist, und daß man dort nicht zurechtkommen wird, dann wird es auch nie klappen, also eine Art *self-fullfilling prophecy*. Ich habe mich vollständig eingelebt, unter anderem weil ich bereits mit 25 Jahren hergekommen bin und sehr neugierig auf diese neue Kultur und allem gegenüber aufgeschlossen war. Aufgrund dieser positiven Einstellung habe ich nicht nach Fehlern gesucht, obwohl ich natürlich auch nicht die Augen vor den Problemen der deutschen Gesellschaft verschließe.

Ich kam 1975 mit einem Stipendium her. Ich hatte in Brasilien bereits einen Abschluß in Journalismus gemacht und als Redaktionsassistent bei der Zeitung *»Diário de Belo Horizonte«*, als Pressebeirat im Landwirtschaftsverband von Minas Gerais, sowie als Dozent für Vergleichenden Journalismus an einer Privatuniversität gearbeitet. Anfangs war es mein Ziel, an der Hochschule für Film und Fernsehen in München zu studieren, die einmal im Jahr eine ziemlich geringe Anzahl von Studienplätzen anbietet, bei deren Vergabe kein Unterschied zwischen Deutschen und Ausländern gemacht wurde. Es gab also keine spezielle Ausländerquote. Als ich die Aufnahmeprüfung machte, war ich erst seit sechs Monaten in Deutschland, und mein Deutsch-Vokabular war noch

ziemlich begrenzt. Ich kam in die Vorauswahl, fiel dann aber durch die Hauptprüfung, die aus zwei Aufgaben bestand: der Erarbeitung eines Drehbuchs zu einem von der Schule gestellten Thema, und zwar innerhalb eines Tages, und einer mündlichen Prüfung, in der ich dem Prüfungsausschuß die Techniken erklären mußte, mit denen ich das Drehbuch verfilmen wollte. Es war klar, daß es mir bei meinen Deutschkenntnissen unmöglich war, diese Prüfung zu bestehen.
Da ich also keinen Platz bekam, beschloß ich, an der Universität in München in Journalismus zu promovieren. Das Problem ist, daß fast keine Universität in Deutschland ein brasilianisches Diplom anerkennt. Höchstens einen Teil des Studiums. Ich mußte also mehrere Scheine nachmachen. Währenddessen konnte ich mein Stipendium von drei auf vier Jahre verlängern. Als ich meine letzten Scheine machte, ging mein Stipendium dem Ende entgegen, und es gab keine Möglichkeit, es nochmal zu verlängern. Ich hatte keine Ahnung, wie ich die letzte Zeit des Studiums und die Promotion finanzieren sollte. Zum Glück ging zu der Zeit der brasilianische Korrespondent vom »*Estado de São Paulo*« in Bonn zum »*Jornal do Brasil*« und ich bewarb mich um seine Nachfolge. Ich wurde angenommen und verlegte mein Studium von München nach Bonn, in der Illusion, parallel zur Arbeit mein Studium zu beenden und das Doktorat zu machen. Dummerweise verlangte der Leiter der Kommunikationswissenschaften an der Universität in Bonn, daß ich meinen Magister in Linguistik machte, bevor ich eine Promotion in Massenkommunikation begänne. Das hieße nochmal ganz von vorn anzufangen. Ich gab auf. Abgesehen davon begann die Arbeit als Korrespondent sehr interessant zu werden, und ich glaubte, diese praktische Erfahrung würde mir bei meiner Rückkehr nach Braslien mehr nützen als ein Doktortitel.
Fünf Jahre lang berichtete ich von den wichtigsten politischen Geschehnissen in Deutschland, bis ich Anfang 1984 aufgrund einer schweren finanziellen Krise zusammen mit

diversen anderen Korrespondenten entlassen werden mußte. In der Zwischenzeit hatte ich eine Deutsche kennengelernt, geheiratet und mit ihr Kinder bekommen, und hatte nicht mehr die geringste Absicht, nach Brasilien zurückzukehren, wo es wirtschaftlich instabil war und es keine Sicherheit gab, die meine Frau jedoch brauchte. Aber ich hatte kaum Zeit, mir Gedanken zu machen, wie es weitergehen sollte, denn kurz nach meiner Entlassung beim »*Estadão*« erhielt ich vom Leiter der brasilianischen Redaktion der Deutschen Welle, Werner Franke, das Angebot, einen Kollegen zu vertreten, der sich beurlauben lassen hatte, um eine Zeitlang nach Brasilien zu gehen. Ich unterschrieb einen Zeitvertrag beim Sender, der später endgültig wurde, weil der Kollege nicht wiederkam. Ich übernahm beim Sender das Sportprogramm, sowie gelegentliche politische und wirtschaftliche Beiträge, und später den nächtlichen Nachrichtendienst. Als Werner Franke 1994 den Sender verließ, übernahm ich die Leitung der brasilianischen Redaktion, wo ich bis heute arbeite.
Als Journalist habe ich bis jetzt vier wichtige Phasen der Politik und der sozialen Entwicklung in Deutschland begleitet. Als ich herkam, gab es so etwas wie eine kollektive Hysterie um den Terrorismus der linksextremen Roten Armee Fraktion, kurz RAF. Obwohl dies ein demokratisches Land ist, ging die deutsche Regierung im Kampf gegen den Terrorismus äußerst hart vor und setzte Mittel ein, die in einer Demokratie wenig empfehlenswert sind. Überall hingen Plakate mit Fotos der Terroristen, mit der Überschrift »Gesucht«, wie damals im Wilden Westen. Die Polizisten waren mit Maschinengewehren bewaffnet und überall Tag und Nacht auf der Jagd. Auf den Autobahnen fanden ununterbrochen Massenkontrollen statt und in eine davon geriet ein Freund von mir, ein Deutscher, der sich verdächtig gemacht hatte, weil er einen Vollbart trug, denn fast alle Terroristen trugen Vollbart. Auch ich geriet einmal in Verdacht, da ich, abgesehen davon, daß ich einen Bart hatte, mich in Begleitung einer deutsch-

brasilianischen Freundin befand, die einer schwer gesuchten Terroristin unwahrscheinlich ähnlich sah.
Die Hysterie des Terrorismus dauerte bis Anfang der achtziger Jahre. Danach kam die Paranoia wegen der *Cruise Missiles*. Deutschland spaltete sich in zwei Parteien, die Pazifisten, die gegen die Aufstellung amerikanischer *Missiles* demonstrierten, und die, die dafür waren, aus Angst vor der atomaren Bedrohung der Sowjetunion und der anderen Länder des Ostblocks. Es war die Zeit der großen Friedensmärsche, an denen teilweise bis zu achthunderttausend Demonstranten beteiligt waren, zum Beispiel, als die ehemalige Hauptstadt zum Erliegen kam.
Als 1989 nach dem Zusammenbruch der Sowjetunion die Berliner Mauer fiel, kam es zu einer großen nationalen Euphorie, die auch mich sehr bewegte, auch wenn ich kein Deutscher war. Für den Journalismus war das eine sehr interessante Zeit, es gab viel zu berichten.
Jetzt durchleben wir die Hysterie um den Euro, die europäische Währung, die einen gewaltigen Umschwung in Politik und Wirtschaft und im Leben der europäischen Konsumenten bewirken wird, vor allem ab 2002, wenn sie tatsächlich in Umlauf kommt. Weiterhin sind wir Zeugen der Debatte, die um die Einführung der doppelten Staatsangehörigkeit entfacht ist, eines Projekts der deutschen Regierungskoalition, das von der konservativen Opposition vehement bekämpft wird. Meiner Meinung nach ist die ganze Diskussion lächerlich. Warum macht man bloß so viel Aufhebens von so etwas? Der deutsche Paß sollte einfach viel mehr an Ausländer vergeben werden, vor allem jetzt, wo wir uns auf eine kosmopolitische Informationsgesellschaft zubewegen, in der die Frage der Nationalität und der Grenzen vollkommen irrelevant werden wird. Im dritten Jahrtausend wird es wichtig sein, verschiedenen Mentalitäten und Sprachen gegenüber offen zu sein, wenn wir nicht Gefahr laufen wollen, von der Welt abgeschlossen zu sein... Wer sich internationalen Kon-

takten gegenüber verschließt, die jedem Bürger in seinen eigenen vier Wänden zur Verfügung stehen, über Internet oder andere Technologien, wird zurückbleiben und nicht einmal den Dialog mit denen aufrechterhalten können, die mit diesem Prozeß bereits vertraut sind.
Diese aufgeschlossene Lebenseinstellung war einer der wesentlichen Faktoren für meine Integration in Deutschland, wo ich als Ausländer nie Probleme gehabt habe. Ich bin inzwischen so sehr integriert, daß meine Frau mich schon aufzieht und sagt, ich wäre deutscher als die Deutschen, was natürlich übertrieben ist. Ich bin immer noch Brasilianer, aber ich fühle mich in der Tat sehr wohl hier, mein Bekanntenkreis besteht fast nur aus Deutschen, lediglich bei der Arbeit habe ich mit Landsmännern zu tun. Ich fühle mich hier zu Hause, genauso wie ich mich in Brasilien zu Hause fühle, wenn ich dort die Ferien verbringe. Für mich ist Heimat kein geographischer Punkt, sondern die Bindungen an Freunde und Familie.
Es war eine vollkommen richtige Entscheidung, in Deutschland zu bleiben. Ich bereue es nicht im geringsten. Und ich sehe meine Integration auch nicht als große Leistung an, sondern halte sie in der heutigen Gesellschaft für etwas völlig Normales.

Estelina Farias

»Wer die Heimat verläßt/ bleibt auch woanders nicht stehen«
(brasilianisches Lied)

Ich habe Werner Franke, den ehemaligen Chef der brasilianischen Redaktion der Deutschen Welle, 1983 in Bonn bei einem Essen im Deutschen Presseclub kennengelernt, wo ich zusammen mit vier anderen brasilianischen Journalisten eingeladen war. Wir waren auf Einladung der KWU, einer Tochterfirma von Siemens, nach Deutschland gekommen, um uns über die Atomenergie im Land zu informieren. Wir kamen in ein sehr interessantes Gespräch, während dem ich eine Reihe von Fragen über den deutschen Sozialstaat stellte und ihm meine Bewunderung ausdrückte über ein Land, in dem die Grundrechte wie medizinische Versorgung, angemessener Wohnraum, adäquate Gehälter und Arbeitslosengeld jedem Bürger zustehen. Nach dem Essen bot mir Franke, der ein ähnliches soziales Bewußtsein wie ich hatte, an, einige Jahre für die Deutsche Welle zu arbeiten. Ich zögerte nicht einen Moment und nahm das Angebot an.

Sechs Monate später erhielt ich in Brasilien einen offiziellen Vertrag vom Sender. Ich verließ die Dependance des »*Estado de São Paulo*« in Brasília und verabschiedete mich von meinen Kollegen mit folgender Empfehlung: »Ich werde für ein paar Jahre nach Deutschland gehen. Ihr seht zu, daß es mit dieser Militärdiktatur zu Ende geht, denn wenn ich zurück komme, möchte ich hier keine Soldaten mehr an der Macht sehen«. Diese autoritäre und brutale Regierung, die sich bereits im Stadium des Zerfalls befand, widerte mich an.

Meine Aufgaben in der brasilianischen Redaktion der Deutschen Welle sind ganz anders als die in Brasília, wo ich Reporterin war und über die politischen Ereignisse im Nationalkongress und in den Ministerien berichtete. Im Sender arbeite ich als Ansagerin und Übersetzerin und bearbeite Manuskripte, die von Journalisten der zentralen deutschen Redaktion und von Nachrichtenagenturen redigiert worden waren. Ich bearbeite internationale und nationale Nachrichten. Wir berichten über bilaterale Themen, die mit Deutschland und Brasilien zu tun haben. Da die Deutsche Welle in mehr als dreißig Sprachen sendet und Mitarbeiter aus den verschiedensten Ländern hat, freundete ich mich nicht nur mit Brasilianern an, sondern auch mit afrikanischen, portugiesischen, spanischen und allen möglichen anderen Kollegen.

Ich lernte Schwarze kennen und wurde mir erst da bewußt, wie rassistisch die brasilianische Gesellschaft doch ist. In Brasilien, einem Land, in dem soviele Schwarze leben, hatte ich nur einen einzigen schwarzen Freund! Es war nicht so, daß ich rassistisch war, aber die Schwarzen in Brasilien werden einfach so sehr unterdrückt, daß sie gar keine Chance haben, sozial aufzusteigen und Kontakt zu Leuten zu haben, die finanziell besser gestellt sind. Ich war nicht reich, ganz im Gegenteil, ich stamme aus einer armen Familie aus dem Inneren von Maranhão, und nur mit viel Mühe, Studium und Arbeit habe ich es in die Mittelschicht geschafft. Ich wurde selbst von Angehörigen der herrschenden Klasse diskriminiert, mit denen ich beruflich zu tun hatte. Aber die armen Schwarzen werden sehr viel mehr diskriminiert, haben nur selten Zugang zu guten Schulen und Universitäten, zu gut bezahlten Jobs und leitenden Positionen. Aus all diesen Gründen ist ihnen der nähere Kontakt zur weißen Elite verwährt.

Der Rassismus innerhalb der brasilianischen Gesellschaft wurde mir erst in Deutschland so richtig bewußt, wo man

sich offen mit sozialen Problemen und Konflikten auseinandersetzt. Die Deutschen waschen ihre schmutzige Wäsche in der Öffentlichkeit. Die Brasilianer nicht. Wir versuchen, alles zu verheimlichen und unsere zahlreichen, tief verwurzelten Vorurteile unter den Teppich zu kehren: gegenüber Schwarzen, Indios, Nordestinos, Frauen und Alten. Eine Frau über dreißig wird in Brasilien zum Beispiel als alte Tante bezeichnet – kein Mann will mehr etwas von ihr wissen. Hier werden reife Frauen sehr viel mehr geschätzt und respektiert. Ich werde, obwohl ich schon auf die fünfzig zugehe, teilweise immer noch mit »junge Dame« angesprochen. Das rührt mich natürlich zutiefst. Stell dir vor, »junge Dame!«
Die Brasilianer bringen ihre Vorurteile mit hierher. Viele diskriminieren auch hier noch die Nordestinos, die Schwarzen, die Armen, die Alten... Manche werden zu regelrechten »Ariern« – sie übernehmen bestimmte deutsche Werte und fühlen sich gegenüber anderen Ausländern, z.B. Türken und Afrikanern, als etwas Besseres. Mein »Liebreund« ist Türke (ich benutze diese Wortneuschöpfung aus folgendem Grund: Wenn ich Çetin als meinen »Freund« vorstellte, sagten meine brasilianischen Bekannten und Freunde, es sei lächerlich, für eine Frau in meinem Alter, einen »Freund« zu haben. Wenn ich ihn als meinen Liebhaber vorstellte, war das für die Konservativen ein Skandal. Also mische ich beide Worte und alle sind zufrieden). Aber wie ich schon sagte, mein »Liebreund« ist Türke, was für einige Brasilianer ein Skandal ist. Man hat mir schon gesagt, ich würde mit ihm zusammen sein, weil ich einen »Dritte-Welt-Komplex« hätte, hat man so was schon gehört? Sie denken, Türken wäre alle Machos, daß sie Frauen schlagen, sie zwingen, ein Kopftuch zu tragen und jeden Tag zu Allah zu beten. Also wirklich! Mein »Liebreund« tut mehr für mich, als irgendein Brasilianer es jemals getan hätte: Er hält immer zu mir, auch in schwierigen Momenten, und er hilft mir, wann immer ich ihn brauche. Wenn ich tan-

zen oder essen gehen will, dann begleitet er mich gern. Aber wenn ich krank bin, dann kümmert er sich genauso um mich – er kauft für mich ein, kocht, fährt den Wagen... Er ist ein emanzipierter Mann.

Außerdem kann ich mit ihm lachen und Witze erzählen, das ist sehr wichtig für mein Wohlbefinden. Der Humor der Türken ist unserem sehr ähnlich. Mit Çetin kann ich Witze über Sex machen, über Frauen, über Männer, über Gott und die Welt, er ist weder schockiert, noch will er mich maßregeln. Unter meinen deutschen Bekannten kann ich einige Witze gar nicht erzählen, weil sie sie zu ernst nehmen und dann gekränkt sind. Einmal erzählte ich einen Männerwitz und schon kam ein Deutscher, um mir den Spaß zu verderben und mich als Männerhasser zu beschimpfen. Meine Güte! Ich verbringe Monate in diesem Land, ohne einmal die Sonne zu sehen, ich ertrage diesen grauen Alltag und wenn ich endlich mal zu einer Feier eingeladen bin, darf ich nicht einmal einen Witz erzählen und ein bißchen lachen! Dann gehe ich lieber erst gar nicht hin! Warum soll ich mich unterdrücken lassen? Ich wurde schon genug unterdrückt: als Kind von meinem Vater, als Jugendliche von den Militärs, und jetzt, wo ich erwachsen bin und selbst über mein Leben bestimme, soll ich mich weiter unterdrücken lassen? Ohne mich!

Aus diesem und aus anderen Gründen strenge ich mich nicht besonders an, deutsche Freunde zu haben. Anfangs gab ich mir große Mühe, ich lud Bekannte und Nachbarn zu brasilianischem Essen ein... Immer wieder... Aber meistens fühlte ich mich nicht wohl dabei, es waren immer so bedächtige, ernste Gespräche. Außerdem konnte ich die vermeintlichen Freunde auch nicht jederzeit anrufen, um mich spontan mit jemandem zu treffen, bei Deutschen muß nämlich alles geplant sein, und zwar Wochen oder Monate im voraus... Wenn ich jemanden am Sonnabend morgens anrief, dann sagte er: »Tut mir leid, Estelina, ich komm gerade aus dem

Supermarkt, ich muß die Einkäufe wegpacken, ich hab jetzt keine Zeit zu reden«. Wenn ich abends anrief, gab es andere Gründe: »Sei mir nicht böse, ich habe Besuch, wir gucken ein Video«. Meine Güte! Diese Freundschaften kühlten natürlich immer mehr ab und irgendwann hatte ich keine Lust mehr, mich um deutsche Freunde zu bemühen. Heute lebe ich in einem Ghetto von Brasilianern, Afrikanern und Portugiesen, es ist eine Frage des psychischen Überlebens. Wenn ich das Ghetto verlasse, laufe ich Gefahr, ganz allein zu sein, denn wenn es mit den deutschen Freundschaften schon nicht geklappt hat, als ich mich noch anstrengte, wie wird es da erst sein, wo ich mich jetzt gar nicht mehr darum kümmere!

Innerhalb meines Ghettos habe ich einen Platz gefunden, an dem ich mich in Deutschland wohlfühlen kann, aber außerhalb gebe ich mir keine Mühe mehr. Ich glaube nicht an Integration. Kein Ausländer kann sich in eine Gesellschaft integrieren, die ihn ablehnt. Die deutschen Politiker, vor allem die Konservativen der CDU/CSU betonen immer wieder, daß Deutschland kein Einwanderungsland sei. Selbst der neue Innenminister der SPD hat, kaum daß er sein Amt angetreten hat, bereits die allgemein vertretene Meinung bestärkt, Deutschland sei nicht in der Lage, weitere Ausländer aufzunehmen... Das heißt, wir bekommen die ganze Zeit vorgeführt, daß wir unerwünscht sind. Die Ausländer waren nur in der Zeit des Wirtschaftswunders erwünscht, in den sechziger und siebziger Jahren, als Arbeitskräfte aus anderen Ländern benötigt wurden. Die ersten Türken, die hierherkamen, wurden auf dem Bahnhof mit Musik empfangen. Warum? Weil sie kamen, um die schmutzige und harte Arbeit zu machen, die die Deutschen nicht mehr machen wollten und bis heute nicht machen wollen, viele leben lieber von Sozialhilfe.

Heute, bei der Krise auf dem Arbeitsmarkt, sind die Ausländer nicht nur ungern gesehen, sondern auch noch verantwortlich für die Arbeitslosigkeit, deren Gründe, das wissen wir alle, ganz woanders liegen.
Du wirst dich wahrscheinlich fragen, warum ich hierbleibe, wenn ich so viel an dieser Gesellschaft auszusetzen habe. Aber das ist Blödsinn! Man muß die Ungerechtigkeit anprangern, egal wo man sich befindet – ob in Deutschland, in Brasilien, in den USA oder im hintersten Winkel von China! Wenn etwas ungerecht ist, dann ist es falsch und geht gegen meine Prinzipien, und ich fühle mich verpflichtet, es anzuprangern. In Brasilien habe ich immer die brutale soziale Diskriminierung kritisiert. Ich weiß noch, wie entsetzt ich war, als ich, nachdem mein erster Vertrag mit der Deutschen Welle ausgelaufen war, nach Brasilien zurückging. Die Diktatur war vorbei, aber die soziale Ungerechtigkeit, die Korruption und die Hegemonie der wirtschaftlichen Interessen blieben bestehen. In den Zeitungsredaktionen war die offizielle Zensur der Polizei aufgrund finanzieller Interessen der Selbstzensur der Medien gewichen. Es war sehr enttäuschend zu sehen, daß sich eigentlich nur wenig geändert hatte. Ganz zu schweigen davon, daß ich, die ich die wirtschaftliche Stabilität Deutschlands gewohnt war, jedesmal, wenn ich einkaufen ging, einen riesigen Schrecken bekam – es war die Zeit der Hyperinflation in Brasilien. Ich arbeitete wieder bei einer Zeitung, aber um zu überleben, brauchte man mindestens zwei Jobs. Es war ein Drama! Dieser Mangel an Beständigkeit in meinem Land machte mich wahnsinnig... Als ich das erste Mal versuchte, meine Wohnung in Brasília zu renovieren, wurde ich von allen übers Ohr gehauen: vom Baumarkt, dem ich im voraus bezahlen mußte, der dann aber das Material nicht zum vereinbarten Termin lieferte; von den Arbeitern, die um einen Vorschuß baten und, als ich ihnen einen Teil des Geldes gegeben hatte, vom Erdboden verschwanden. Es war die Hölle! Diese Dinge, die ich aufs Schärfste kritisierte, machten mich verrückt, und bevor ich

mich hätte wieder zurechtfinden können, rief mich Franke wieder zur Deutschen Welle.
Ich ging zurück nach Deutschland und jetzt glaube ich, daß es auch kein Zurück mehr gibt. Ich werde durchhalten müssen, bis ich pensioniert bin. Mit fast fünfzig Jahren zurück nach Brasilien zu gehen wäre Selbstmord. Bei den Vorurteilen bezüglich des Alters, die die Leute haben, wer würde mir da noch Arbeit geben? Abgesehen davon, ist Journalismus in Brasilien ein hartes Brot. Man arbeitet Tag und Nacht, am Wochenende und an den Feiertagen, da braucht man schon ganz schön Elan...
Deswegen werde ich, solange ich Arbeit brauche, um zu überleben und solange ich meinen Platz beim Sender habe, in Köln bleiben, aber natürlich immer in den Ferien nach Brasilien fahren, ich bin ja auch nicht aus Stein. Wie du vielleicht bemerkt hast, ist mein Leben hier auch nicht besser als dort, nur bequemer. Ich verdiene genug, um gut über die Runden zu kommen, aber ich kann mir auch keinen großen Luxus leisten. Die Behörden, das Gesundheitssystem, Transport, alles funktioniert wunderbar und erleichtert den täglichen Kampf... Und obwohl die CDU/CSU-Regierung einigen Errungenschaften der Arbeitnehmer ein Ende bereitet hat, ist Deutschland verglichen mit Brasilien immer noch ein soziales Paradies.

Florian Pfeiffer

Die menschliche Wärme, die Nähe, die Hingabe.
Durch diese Linse sehe ich die Welt.

ERZÄHLER:
Florian Pfeiffer. Geboren und aufgewachsen in São Paulo, wo sein Vater, ein Deutscher, der das ungezwungene Leben der Boheme liebte, und seine Mutter, eine von Deutschen abstammende Brasilianerin, nach dem Zweiten Weltkrieg lebten.

FLORIAN:
Mit 19 kam ich nach Europa in einem Schiff, in dem ich arbeiten mußte, um die Fahrt zu bezahlen. Ich wollte an der Hochschule für Film und Fernsehen in München studieren, in der Stadt, wo meine Eltern sich verliebt hatten. Dort habe ich die Seriösität und Klarheit gelernt, die man braucht, um gute Dokumentarfilme zu machen. Ich hatte eine ausgezeichnete Ausbildung.

ERZÄHLER:
Studium beendet. Was jetzt? Nach Brasilien. Und-zwar-sofort!

FLORIAN:
Ich war ein großer Bewunderer von dem Pädagogen Paulo Freire. Ich träumte davon, seine Ideen in meinen Filmen zu verwirklichen, für ein brasilianisches Bildungsfernsehprogramm.

ERZÄHLER:
Zurück in Brasilien erhielt Florian das Angebot, das Audiovisuelle Zentrum der Medizinischen Fakultät in Rio de Janeiro aufzubauen.

FLORIAN:
Ich baute also dieses Zentrum auf und erweiterte meine technischen Kenntnisse. Aber mir wurde schnell klar, daß Medizinfilme nicht meine Leidenschaft waren. Ich kündigte.

Unzufriedenheit, Neugier, Wissensdurst.
Das Leben verläuft *out of focus*, wenn wir nicht genau hinsehen.

ERZÄHLER:
Seine Verbindung zu Deutschland öffnete ihm die Türen zum Bildungsfernsehen von Rio de Janeiro, das mit Zustimmung der brasilianischen Regierung von der Konrad-Adenauer-Stiftung eingerichtet worden war.

FLORIAN:
Die Deutschen von der Konrad-Adenauer-Stiftung boten mir die Leitung der Kinoabteilung des Senders an. Ein tolles Angebot! Aber der Bildungskanal gehörte zur Bundesregierung, die in den Siebzigern alles andere als demokratisch war. Ich konnte nicht einfach filmen und dabei der Staatsmacht dienen. Ich kündigte.

Die Linsen abwischen, das Ziel anvisieren.
Träume erfordern Mut.

FLORIAN:
Ich fing an, für meine eigenen Filme zu kämpfen. Ich wollte einen Dialog zwischen den Arbeitern von Volkswagen Brasilien und Volkswagen Deutschland inszenieren, aber wer sollte so ein Projekt finanzieren?

ERZÄHLER:
Es war niemand zu finden, und so wurde das Konzept der Serie geändert: ein Dialog zwischen Kindern der Favela Rocinha in Rio de Janeiro, Kindern aus Deutschland und aus dem Iran. Eine internationale Koproduktion in Zusammenarbeit mit dem Sender TV Cultura aus São Paulo.

FLORIAN:
Ich filmte ein Jahr lang in der Rocinha. Ich mußte äußerst diskret vorgehen, denn wer in den siebziger Jahren etwas machte, das mit Favelas zu tun hatte, wurde als Kommunist eingestuft. Als der Film fertig war, bekamen die Leute von TV Cultura Angst! Sie waren in der Annahme gewesen, ich hätte Kinder der Mittelschicht interviewt! Aber die Kinder aus der Rocinha hatten sehr viel mehr zu sagen. So daß der deutsche Produzent neidisch wurde und mich bat, ich möge diesen Kreativitätsfluß doch ein wenig stutzen, denn neben den brasilianischen Kindern standen die deutschen etwas einfältig und nicht ganz so gut da. Ich sagte, ich würde überhaupt niemanden zurechtstutzen...

ERZÄHLER:
Die Serie war ein großer Erfolg. Der Pilotfilm wurde von der UNESCO prämiert. Prix de Jeunesse 1976.
Pause, um zu sehen, wie es weiter gehen sollte. Florian zog mit seiner Frau, einer Argentinierin, nach Buenos Aires. Es dauerte nicht lange, bis er eine Einladung der GTZ erhielt – der deutschen Gesellschaft für Technische Zusammenarbeit – um in der Entwicklungshilfe in Bogotá zu arbeiten.

FLORIAN:
Anfangs erschien mir die Arbeit interessant. Ich sollte audiovisuelle Mittel im kolumbianischen Unterricht einführen. Allmählich merkte ich, daß das Projekt eher den Interessen der Deutschen, die technische Geräte exportieren wollten, und den einiger kolumbianischer Politiker diente, als der Weiterentwicklung der Schulen. Ich kündigte.

Focus, out of focus, focus.
Wieviel Licht und wieviel Zeit brauchen wir?

ERZÄHLER:
Florian ging zurück nach Brasilien, auf der Suche nach dem, was er wollte: ernsthafte Dokumentarfilme machen, je mehr, desto besser. Und wieder waren es Deutsche, die ihn zu Filmarbeiten engagierten. Der Beginn einer langen Reihe von Filmen in ganz Lateinamerika.

FLORIAN:
Ich entwickelte die Drehbücher zusammen mit den deutschen Regisseuren und korrigierte einige vorgefertigte Meinungen über den Kontinent. Sie vermittelten mir ihrerseits Informationen, die mir bis dato unbekannt waren. Ein interessanter Austausch. Ich konnte als Kameramann die Richtung der Filme mitbestimmen, ohne Regisseur zu sein.

ERZÄHLER:
Der Korrespondent der ARD beauftragte ihn mit Berichten aus ganz Lateinamerika. Pinochet in Chile, Stroessner in Paraguay, Militärputsche in Argentinien. Die menschliche, mutige Sichtweise seiner Filme brachte Florian einen der wichtigsten deutschen Fernsehpreise ein, den Adolf-Grimme-Preis.

1989. In Berlin fiel eine Mauer. In Argentinien wußte Florian, daß dieses scheinbar doch so weit entfernte Ereignis sein Leben ein weiteres Mal verändern würde.

FLORIAN:
Ich wußte, daß das Interesse für Lateinamerika verebben würde. Um weiterhin das tun zu können, was ich wollte, mußte ich nach Deutschland gehen. Ich ging zur Außenstelle der ARD in Buenos Aires und kündigte. Ich pokerte ziemlich hoch. Oft habe ich Angst, alles könnte plötzlich in sich zusammenstürzen, aber mein Enthusiasmus sagt mir: Weiter!

INTERVIEWERIN:
Haben sich deine Befürchtungen denn bewahrheitet?

FLORIAN:
Nach dem Fall der Mauer 1989 ging das Interesse der Deutschen an Filmen über Lateinamerika praktisch zu Ende. Heute hat man die Probleme direkt vor der Tür – in den ehemaligen Sowjetrepubliken, in Polen, Albanien und in der ehemaligen DDR. Und mit der Öffnung dieser neuen Märkte haben sich auch die wirtschaftlichen Interessen dem Osten zugewandt.

INTERVIEWERIN:
Und wo bleibt da Brasilien?

FLORIAN:
Heutzutage muß man wirklich kämpfen, wenn man in Deutschland einen Film über Brasilien verkaufen will! Wenn überhaupt, dann beschränkt sich das Interesse der deutschen Fernsehsender auf Gewalt, Korruption und Armut! Die Journalisten stürzen sich besonders auf die Gewalt in den großen Städten – was mitunter auch manipuliert wird. Dabei werden mehr deutsche Touristen in Miami als in Rio überfallen!

Warum machen sie keine Filme über Miami? Weil es die Erste Welt ist?
Auch in Deutschland existiert Gewalt – von Skinheads, Drogensüchtigen, Sexualverbrechern... Auch hier gibt es Korruption und Armut. Hier arm zu sein, ist fast noch schlimmer als in Brasilien, denn die Deutschen sehen die Armut als persönliches Versagen an. In Brasilien betrachtet man es als eine Folge des ungerechten Systems.

ERZÄHLER:
Die Ankunft in Deutschland war schwierig. Eine Phase großer Unsicherheit. Florian kam allein nach Hamburg. Seine Familie blieb in Buenos Aires, bis er eine Unterkunft gefunden und Kontakte geknüpft hatte.

INTERVIEWERIN:
Inzwischen lebst du seit mehreren Jahren mit deiner Familie hier, Florian. Fühlst du dich integriert?

FLORIAN:
Nicht ganz. Es fehlt mir an so vielen Dingen in Deutschland, meine vielen Reisen sind das einzige, was mich rettet! Mir fehlen die Entspannung, die Späße, es fehlt einfach eine gewisse Leichtigkeit.
Hamburg ist wirklich eine wunderschöne Stadt! Aber die Sonne scheint nur selten und die Leute sind so versnobt! Immer geben sie ihren Senf dazu. Wenn du parkst, bleiben sie stehen und gucken, ob du mit der Stoßstange den anderen Wagen berührst und wenn ja, dann rufen sie die Polizei!

Absolute Kontrolle, die Freude des Spitzels.
Und die mangelnde gute Laune.

FLORIAN:
In der Arbeitswelt muß man unheimlich hart kämpfen. Freundlichkeit wird meistens als Schwäche interpretiert. Wenn ich höflich an die Tür eines Redakteurs klopfe, wird mich die Sekretärin kaum vorlassen. Um mir Achtung zu verschaffen, muß ich - wumm! - die Tür aufstoßen und Krach schlagen. Aber ich werde mich nicht ändern...

INTERVIEWERIN:
Und was gefällt dir an Deutschland, Florian?

FLORIAN:
Der Respekt. Die gerechten Löhne. Die Ernsthaftigkeit, die Pünktlichkeit. Und eines der Dinge, die ich am meisten am Leben liebe: die Freiheit, meine Filme zu machen, und zwar überall auf der Welt, ohne den Interessen Anderer zu dienen. Werde ich das je in Brasilien können?

In ein anderes Land ziehen. Ein Sprung ins Unbekannte, ohne Licht.
Was verlieren wir, was gewinnen wir?
Unser Traum: eine befreite Sicht.